U0901813

家庭教育专家成墨初为年轻父母量身打造的教子书

腾讯教育名家博主为您再次献上教子实践大作

成墨初◇著

# 如何爱孩子和教会孩子如何爱

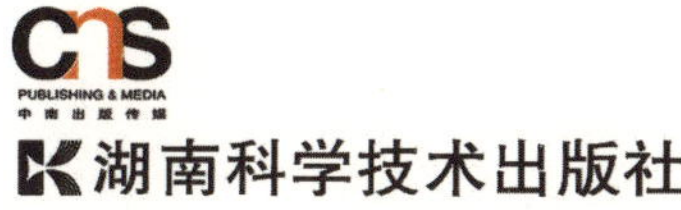

湖南科学技术出版社

# PREFACE 序

## 爱孩子是一门艺术，更是一种修行

前段时间，一位做家庭教育咨询的朋友，给我讲了一个真实的故事：

一位为了女儿“鞠躬尽瘁死而后已”的妈妈，因女儿两次要自杀而几乎精神崩溃。

这位妈妈非常爱自己的女儿，对女儿也寄予很多期望。为了让女儿“有幸福的人生和美好的前程”，妈妈做了很多努力，也采取了很多办法。

妈妈对女儿的学习、生活、交友等都提出了严格的规定，并监督女儿严格遵照执行：除了《新闻联播》，任何电视节目都不能看；不能与学习成绩在班级10名之外的同学交朋友；无论谁给女儿打电话，妈妈必须先严格审问对方后才允许女儿接电话，电话内容妈妈必须监听，以防止女儿交上坏朋友；节假日不能与同学去郊游，只能上辅导班或在家复习功课；课余活动只能参加与考试科目有关的，比如数学兴趣小组、英语角等学科兴趣小组等。

妈妈说，这些规定都是“为了女儿好”，因为她非常爱女儿，所以她要保护好女儿，为她设定好人生路，不让女儿的人生有一丝一毫的差错。但是，这些规定，最终让女儿不堪重压，她两次想自杀，都因被妈妈及时发现而救了过来。

女儿说："妈妈的爱太沉重，沉重得让我不能呼吸，我承受不了这令人窒息的爱，所以想一死了之。"

这位妈妈对孩子的"爱"其实是一种控制，这种以爱的名义的控制，对孩子反而造成了深深的伤害。

父母对孩子这种以爱的名义的控制和伤害并不少见，很多父母都会有意无意、程度不同地控制自己的孩子，把自己的意愿和观点以及自己认为正确的"爱"强加到孩子身上。

这些父母总是从自己的角度，依照自己认为正确的标准去要求孩子、管束孩子，这种看似为了孩子的前途和幸福的"爱"，实际上是一种不适当的爱。

父母对孩子的控制，通常是父母"借助于孩子来爱自己"：为了父母自己的脸面和荣誉，为了父母自己未竟的事业、未成的理想，为了父母自己的方便和省心等。

不适当的爱，常常比不爱有更大的杀伤力，它会给孩子带上沉重的精神枷锁，使孩子的心灵扭曲，甚至毁了孩子的一生，也让父母悔恨莫及。

虽然孩子对父母有所依赖，他们只有依靠父母才能生活，但这不是父母控制孩子的理由，因为孩子也是有思想、有情感的独立的个体。

天下父母都爱自己的孩子，但未必都知道如何爱孩子。爱孩子，是一门艺术，是需要父母用心去学习的。做父母，一定要用心掌握爱的艺术，这样才会幸福孩子，幸福父母，幸福整个家庭。

# CONTENTS

## 目录

## Part One

## 爱孩子，需要爱心，但更需要智慧



## Part Two

## 爱要顺应孩子的天性，而不要顺应你的心情

# CONTENTS 目录

## Part Three
## 给孩子他想要的，不要给孩子你想给的

## Part Four
## 拿捏好爱的原则和界限，让爱陪伴孩子健康成长

CONTENTS 目录

## Part Five
## 给孩子成长客观需要的，不要以爱的名义伤害孩子



## Part Six
## 爱是一门艺术，是每个家长都要上的必修课

# 目 录

# Part One
# 爱孩子，需要爱心，但更需要智慧

对孩子真正的爱，是对孩子无条件的包容和接纳。任何附带条件的爱，都不是真爱，而是害。任何爱的行为不是靠直觉，而是需要深思熟虑，甚至是痛苦所作的决定。

## 1. 我都是为了你好——爱孩子，仅有爱心是不够的

在QQ群里，一个小女孩的母亲曾向我咨询。

这个小女孩从小体弱多病，但她很喜欢唱歌、跳舞，她不断地对妈妈说自己想成为一名歌唱家。而妈妈也发现女儿有点艺术天赋，就一心想把女儿培养成艺术家。

于是，这位妈妈不顾丈夫的反对，辞职在家，全心全意照顾女儿，帮助女儿实现艺术之梦。

这位妈妈几乎把所有的时间和精力都放在了女儿的艺术梦上，她也把所有的希望寄托在女儿身上。为了女儿，她付出了一切。

妈妈放弃了自己的事业，放弃了娱乐和个人的生活空间，一心一意地照顾女儿的生活起居，陪女儿上各种音乐辅导班，参加娱乐竞赛活动。

最初，女儿积极地参加培训和活动，但时间久了，她就开始厌倦。其实女儿仅把唱歌跳舞当做一种课余爱好，并不是真的想成为艺术家，而妈妈在这方面对她的要求很严，期望很高。

在QQ上，妈妈委屈地对我诉说："我牺牲那么多是为了什么？还不是为了她好啊？我放弃了自己的事业，放弃了自己的时间和生活圈子，一心照顾她，可她还不满意……"

看着电脑屏幕上妈妈发过来的文字，我一时不知道该说什么。

“我女儿说她最烦我对她说‘我都是为了你好’，还说我只是为了自己的面子，为了自己年轻时的艺术梦想才这样做，这真是冤枉我啊！我每天照顾她，什么事都不让她做。我那么爱她，可她怎么就不理解呢？”

经过与这位妈妈短暂的交流，我想，她女儿或许说出了妈妈潜意识里的想法：妈妈很可能就是为了自己未成的艺术梦想才这样做。想到这里，我对妈妈说：“孩子其实很反感父母说‘我都是为了你好’这句话，我相信您很爱自己的孩子，但对您女儿来说，或许您的爱太多了，这让她感觉很有压力，甚至感到窒息。”

相信很多父母都非常爱自己的孩子，无怨无悔地为孩子付出很多、牺牲很多，认为“都是为了孩子好”。但这句话常常具有欺骗性，因为有时父母的付出并不是孩子需要的，父母只是在一厢情愿地付出、牺牲自己。这种付出和牺牲对孩子是一种负担，是一种压力。

★★★★★

桐桐的表姐芳芳是个很有主见的女孩。一次，芳芳班里举行郊游、拉练活动，老师的目的是训练孩子们吃苦耐劳、面对困境独立解决问题的能力。但是，芳芳的妈妈担心女儿受苦，刚开始她不想让女儿参加，但拗不过女儿，最后还是同意了。

芳芳临行前，妈妈准备在女儿的旅行包里装上各种旅行常用物品，如食物、雨衣、太阳帽、厚一些的衣服、薄一些的衣服、三瓶矿泉水等。

芳芳多次阻止妈妈给她装太多物品，但是，妈妈一再说：“去那么艰苦的地方，没有吃的怎么办？变天了怎么办？遇到困难怎么办？找不到人帮忙怎么办……”

芳芳辩解说：“老师就是为了让我们在艰苦的环境里得到锻炼，才组织这样的活动。老师不允许我们带太多东西，否则活动就没有效果了，也失去了活动的价值。”

“现在生活条件好了，有必要锻炼吗？我都是为了你好，现在你们没有必要再去受这种苦。”妈妈说。

芳芳生气地反驳妈妈说："你不要说是为了我好，你给我带这么多东西，这样搞特殊，让老师和同学怎么看我？他们不笑话我才怪？"

父母爱孩子，舍不得让孩子吃苦受累，这可以理解。但父母这种爱并不是理智的爱，只有设法让孩子在困难的境遇中得到锻炼，提高孩子的自理和自立能力。让孩子学会独立去面对生活，这才是真正的爱。

★★★★★

我有一位朋友的妻子是一家公司的会计，妻子非常爱自己的女儿，却不知如何更好地爱她，常常会弄巧成拙。

因为单位离家近，中午又有一个半小时的休息时间。为了让女儿吃上可口的饭菜，她决定每天中午回家给女儿做饭、送饭。中午下班后，她先是急忙回家做饭，自己匆匆吃上两口，然后将给女儿留出来的饭菜装到饭盒里，急忙骑车给女儿送到学校去。就这样，妈妈每天中午往返于单位、家、女儿的学校之间，由于时间很紧，她每天累得身心疲惫。

但是，女儿似乎并不乐意妈妈这样做。因为每次妈妈为她送饭时，妈妈在一旁看着女儿吃，并像对待幼儿一样不停地劝她多吃饭、多吃菜，每次她吃饭时同学都在一旁议论她们。而且，妈妈每次送饭到女儿学校的时候，她满头大汗、衣衫不整、头发凌乱的形象也成为同学们嘲笑的话柄。

这些都让女儿很尴尬，回到家，她就对妈妈发脾气，并多次提出要在学校食堂吃午饭。妈妈感到很委屈，她数落女儿说："在学校吃不好，我辛苦一点，给你做饭、送饭，吃着放心。我的形象怎么了？你搞特殊怎么了？我还不都是为你好？"

很多孩子都希望得到同伴的认同，希望与同伴保持一致，如果不能与同伴保持一致，孩子就会产生自己游离在同伴群体之外的孤独感，哪怕他的言行是正确的。

虽然朋友的妻子因为爱女儿、为女儿的身体健康考虑而那样做，但她这种做法并没有考虑到女儿的心理感受，无意中伤害了女儿的自尊。

成墨初给您的教养建议

● 父母不要总把“我都是为你好”挂在嘴边，这种一厢情愿地付出的爱只会成为孩子的负担。

● 爱孩子，就要给孩子吃苦的机会，让孩子在逆境中得到锻炼，学会独立面对生活。

● 父母要给孩子全面的爱，既要照顾到孩子的身体，也要考虑孩子的心理，这样孩子才能健康成长。

## 2. 你能不能不给我惹事——分清楚你是爱自己，还是爱孩子

在我的QQ亲子交流群里，一位网名叫“秋天的落叶”的年轻妈妈提出了自己在教育女儿时的困惑，并向群里的妈妈们请教教子良方。

“秋天的落叶”的女儿4岁多了，活泼、调皮，喜欢运动。女儿每次看到别的孩子溜旱冰时很羡慕，多次央求妈妈给她买一双滑冰鞋，她要学滑旱冰。但“秋天的落叶”觉得女儿还小，怕女儿滑旱冰摔跤、摔伤，就屡次拒绝女儿的要求。

从“秋天的落叶”的话语中，我看得出，因为这件小事，她非常纠结，始终犹豫要不要给女儿买滑冰鞋，要不要女儿学滑冰。

“秋天的落叶”的困惑引发了群里妈妈们的热烈讨论，有人直言说：“那就给她买，让她学，这有什么难啊？”可“秋天的落叶”说：“我女儿这么小，摔了跤怎么办？在水泥地上摔得多痛啊！”

有一位妈妈说，她女儿3岁就开始学滑冰，而且摔跤无数次。听这位妈妈这么说，“秋天的落叶”说：“我可做不到，我很爱我的女儿，她摔痛了，我会很心疼的。”

“秋天的落叶”似乎非常爱自己的宝贝女儿，但这仅仅是爱孩子吗？

或者说这是真的爱孩子吗？其实，“秋天的落叶”并不是因为真爱孩子而拒绝她学滑冰，她是因为爱自己才拒绝女儿，其实是她不能接受因女儿摔跤而让自己心疼的感觉。

★★★★★

一次，我去一个朋友家商量事情。当时，朋友的妻子外出购物了，朋友在看电视，他们两岁的儿子在卫生间里玩水。

我看到小男孩的上衣袖子、衣服前襟已经完全湿了，脸上、鞋子也全湿了，周围的地板上也满是水。但小男孩看上去玩得很开心。

一会儿，朋友的妻子回来了，发现儿子在玩水，她就粗暴地用手使劲拉起了儿子，抱着他离开了卫生间。朋友的妻子一边数落丈夫不该让儿子玩水，一边恼火地帮儿子换衣服。然后，她麻利地拿起拖布将卫生间地上的水擦干了。忙完了这一切，朋友的妻子进了厨房。儿子见妈妈离开，又偷偷跑到卫生间，将水龙头打开，开始玩水。

妈妈见儿子又在玩水，她不容分说，走过去将水龙头关掉，又一次抱着儿子离开，嘴里还嘟囔着：“你能不能不给我惹事啊？水很凉，感冒了怎么办？每次你都搞得乱七八糟，我还得帮你收拾，真烦人。”

显然，这又是一个爱自己的妈妈。喜欢玩水是孩子的天性，妈妈的阻止是因为孩子给她带来了麻烦。其实，妈妈完全可以给孩子接一盆水，让他玩个够，哪怕他弄得全身湿透，满地狼藉。

生活中这样的事例并不少见，如父母看到孩子自己吃饭或穿衣笨拙而马上代劳，其实是因自己不能忍受孩子制造的“混乱局面”，因为自己不愿意“收拾残局”。

这看起来是爱孩子实则是父母更爱自己的表现，是为了自己方便和省去麻烦。殊不知，这些束缚会剥夺孩子的自由，会阻碍孩子的成长和发展。

★★★★★

在一次家长交流会上，我听一位妈妈讲述了她与儿子之间发生的一件事。

她的儿子在学校与同学玩闹时，动手打了人，妈妈被请到了学校，被孩子的老师狠狠地“教训”了一通。被请到学校这件事让孩子的妈妈很没面子，她觉得儿子犯了错，是她这个做妈妈的失败，被请到学校是在讽刺她没有尽到自己的责任。儿子的行为让妈妈气急败坏，回到家，她狠狠地批评了儿子一顿，还给了他两巴掌。

“你真给我丢脸，我怎么养了你这么一个不争气的孩子？我一直告诉你在学校要老实点，不要惹事，你就是不听。我一辈子老老实实做人，你这么做，让我的脸往哪儿搁呀？”

这样的批评教育足足进行了半个小时，直到儿子“深刻地认识到了自己的错误”。

“其实，我现在才意识到，我那次教育儿子，不过是我在发泄自己的情绪而已。看上去我是为儿子的行为或成长着急，实际上，儿子打架，我觉得是丢了我自己的面子……”妈妈在反省。

在跟我的一次交流中，这位妈妈坦诚地剖析、检讨了自己，我很欣赏她的真诚和勇敢。

事实上，小孩子尤其是男孩，与同学打打闹闹很正常，父母完全不必为此大发雷霆，倘若是孩子偶尔失误而犯错，父母更不可过重地批评孩子，对孩子发泄自己的情绪，而要给予孩子正确的引导。

## 成墨初给您的教养建议

● 有些父母因担心孩子受到伤害而限制孩子的活动，这样做是不对的。不让孩子在挫折中磨炼自己，孩子以后受到的伤害会更大。

● 爱孩子就不要怕替孩子收拾残局。在父母眼中的混乱，对孩子而言，其实是在成长和发展。

● 在孩子因失误而犯错时，父母即使再生气，也要控制情绪，耐心地告诉孩子错在哪里，让孩子避免再犯类似错误。

## 3. 别怕，有我呢——不会爱的家长最坑“孩”

在一家商场里，我曾看到过这样一幕：

在一个出售儿童玩具、文具的摊位上，老板抓住一个七八岁的男孩的手，狠狠地训斥着他：“你这孩子，怎么偷东西呢？把东西交出来！”

说着，老板四处张望，又大声问男孩：“你家长呢？”

事实上，就在不远处的我也看到了那个男孩的举动，他趁摊位老板不注意，将一块橡皮擦装进了自己的衣兜里。

这个时候，已经走到前面摊位上的男孩的妈妈回转身，发现自己的儿子被老板抓住，她又走回来，走到了儿子身边。

妈妈看着有些恐惧的儿子说：“儿子，别怕，有我呢。”说完，她开始和摊位老板“据理力争”。“我儿子没有偷东西，你凭什么冤枉他？再说了，一个不懂事的孩子，拿一点东西又怎么了？他想要，我付给你钱不就行了？你一个成年人，怎么跟一个孩子较真啊？”

男孩的妈妈向摊位老板抛出了一连串的问题，老板有些招架不住。

老板听后怒火上升。他说：“你这当家长的，怎么还有理了？怎么教育孩子的？”

“我就是有理，你这么呵斥、吓唬一个孩子就是没道理……”男孩的妈妈一声高过一声。

很明显，这位妈妈是在无原则地“护犊子”，儿子犯了错，她不仅没有教育他认识错误，还替孩子掩护错误，纵容孩子。

这是一种错误的爱，表面上看似在保护孩子，实则是害了孩子，千万不要无原则地保护孩子。

★★★★★

凡事满足孩子的需求，没有原则和规矩，这会助长孩子的任性，孩子不会去考虑他人的需求和感受，不能与他人和谐相处。生活中，很多父母常常会犯这种错误。

在一次聚会上，一位朋友的儿子的表现让我感受颇多。

这个孩子非常任性，事事要如他所愿，否则他就死活不干。如果别人违反了他的意愿、没有满足他的需求，他就会千方百计"维护自己的利益"，直到自己的愿望实现。

那天，每一盘菜刚上桌，他就把自己喜欢吃的菜整盘端到自己的跟前。儿子的举动让妈妈很尴尬，她一边不住地给同桌的人道歉，一边教育、批评儿子。但是，她的话如同对牛弹琴，儿子只顾夹菜吃。最后，妈妈的唠叨把儿子惹恼了，他多次做出要摔盘子、砸碗的样子。看到同桌人客气谦让，妈妈不再说他了，只是无奈地看着儿子将很多盘子都拿到了自己的跟前。

我心想，妈妈内心肯定很纠结，她不停地给对面的客人夹菜，不住地给别人道歉，但儿子立即阻止妈妈，同桌的客人见此情景，也都无心吃饭。在心里，我替那个孩子感到悲哀，也替孩子的妈妈感到无奈。

聚会结束后，我有意和孩子的妈妈走到了一起，委婉地谈起了她儿子在饭桌上的表现。我问她："平时在家，你儿子也是那样吗？儿子有那样的表现时，您为什么不制止他？""孩子还小，我不忍心拒绝他……"孩子妈妈的回答让我无语。

这位朋友一味地顺从孩子，但这种没有原则的爱实际上是对孩子最大的伤害，可能会毁了孩子的未来。

· · · · · · · · · · ★ ★ ★ ★ ★ · · · · · · · · · ·

下面是我听一位朋友讲过的故事，故事的主人公是朋友的侄子和她的嫂子——即侄子的妈妈。

中考前，朋友侄子的班级因为不在本校考试，老师建议同学们考前一天去看考场，熟悉一下考场环境。朋友的嫂子希望儿子考前两天在家里再好好温习一遍功课，做好充分的准备，所以她自己代替儿子去看考场、熟悉环境。

孩子的妈妈回来后，告诉儿子考场在什么地方，厕所在什么地方，食堂在什么地方，等等，并且还很认真地为儿子画了一张清晰的地图。

可是，考试那天，虽然孩子已熟悉了厕所的位置，并看清楚了妈妈画的图，但由于那所学校条件比较差，当时，考场那座楼上的厕所坏了，暂时不能使用。这个男孩考前去厕所，发现了厕所没法使用，就四处寻找其他厕所。但由于紧张，他迷失了方向，怎么也找不到厕所。他很着急，又不敢问老师，转了大半个校园才找到厕所，但眼看马上就到开考的时间了。于是，他匆匆忙忙方便完，便往回路赶。虽然男孩最终在考试铃响前到达了教室，但因他的考试用具还没有准备好，这让他更加慌张，考试中发挥也失常了。事后，男孩一味地责怪妈妈的疏忽，而妈妈也一直为此事深深自责。

这件事情，朋友是当成一个笑话给我讲的，但这件事背后的问题却让父母们深思：父母对孩子的过分包办和“爱护”，最终会导致孩子的无能和无知。

成墨初给您的教养建议

- 在孩子犯了错或遇到困难时，父母不要代替孩子掩饰错误或解决问题，而要鼓励孩子去面对错误或困难，让孩子学会自己去解决问题。
- 孩子小的时候容易以自我为中心，容易任性妄为，父母一定不能迁就孩子，无原则地答应孩子的要求，必须理智对待。
- 对孩子过度保护，什么都代替孩子做，这样会让孩子失去独立的能力，父母必须学会适当放手。

## 4. 我不能帮你做——健康的爱是孩子成长的必备营养

一次，与一位朋友闲聊，聊起了孩子的教育。

朋友说，他哥哥的儿子一次因为看课外书而忘了写作业。第二天上学前，因不好意思跟老师解释，就央求妈妈说：“等我到了学校，上课前你给老师打电话说一下，就说我把作业本忘在了家里了。”朋友的侄子知道妈妈赞成他广泛阅读，且对老师为学生布置太多家庭作业也有意见。他希望妈妈这次能帮他说情，让他能够免于被老师批评。

对这个问题，妈妈希望儿子能自己去跟老师解释清楚，自己找出解决的办法，她不希望儿子什么难题都要父母出面帮助其解决。因此，妈妈对儿子说：“你现在已经是个小学生了，虽然我不赞成老师布置很多家庭作业，但也不赞成你一点作业也不写。而且，你也不能欺骗老师。”

顿了一下，妈妈又说：“对于你没完成作业这个问题，我不能帮你，我认为应由你自己去面对，你自己想办法去解决，你自己跟老师解释清楚。如果你什么问题都要我帮你解决，你就什么事情也学不会，什么问题都不会解决。”

由于没有完成作业而怕挨老师批评，对于刚上学的孩子可能是一个难题。面对这样的难题，父母要让孩子自己去面对，可能孩子应对不好，会让孩子难堪，但这种结果却会让孩子学会负责，下次一定不会再犯了。

在成长中，孩子总会面临一些难题或困难，这些难题或困难容易给孩子带来不快，致使孩子不愿意为自己担责任，而总是依赖父母的帮助。真正有利于孩子成长的做法是，父母不代替孩子去解决难题、消除困难，而是鼓励孩子独立去面对难题。因为独立克服困难、解决问题的能力是孩子未来成功必备的能力之一。

★★★★★

小晴是住在我们小区的一个11岁女孩，她特别喜欢吃肯德基，每隔几天，只要口袋里有了一点零花钱，她就自己偷偷跑到肯德基店去大吃一顿。

小晴的妈妈不希望女儿吃太多垃圾食品，就限制女儿吃肯德基，规定她每月只能吃一次。但小晴对妈妈的“禁令”不理不睬，自己经常偷偷去吃。妈妈发现后很生气，就提出要减少她的零花钱。

喜欢吃洋快餐的小晴每次走过家门前的那家肯德基店，就抵不住美食的诱惑，见妈妈不松口，她转而去求助于非常疼爱她的姥姥，让姥姥瞒着妈妈带她去吃肯德基，或让姥姥偷偷给她钱。但小晴并不知道，妈妈早已和姥姥、爸爸商量好，在这件事上不能对小晴妥协。因为小晴的体重已经超标，他们知道，坏习惯、不良的生活方式对孩子的健康会产生很不利的影响。因而，姥姥也始终拒绝外孙女的要求，并想方设法研究食谱，努力做出又有营养又可口的饭菜，帮助小晴养成健康的饮食习惯。

有些父母，由于对抚养和教育孩子的无知，而对孩子采取了错误的教养方式，或仅满足孩子眼前的需求，而明知故犯采取某些不利于孩子成长的做法。真正对孩子有益的爱和养育，是有利于孩子的身体和心理健康发展的，有利于孩子的人格健全发展的。父母要从孩子长远的发展考虑，给予孩子健康的爱和教育。

★★★★★

楼下的强强一天放学后独自在楼下踢球，不小心将球踢到了一楼住户的窗玻璃上，玻璃被撞碎了。强强见周围没有别人，就赶紧抱起球溜回了家。

强强妈妈见儿子刚踢了一会儿球就回家来，觉得奇怪，往常他都要玩很久，不等妈妈喊他，他是不回家的。

妈妈问强强：“你今天怎么这么快就回来了？遇到什么事了吗？”

“没事，我就是不想踢了。”强强装作若无其事地回答说。

强强妈妈不愧是火眼金睛，她看出了儿子眼中的不安，就又一次问：“到底怎么了？你一定有事，告诉妈妈。”

强强见瞒不过妈妈，就告诉了她事情的原委。

最后，强强对妈妈说：“你可别告诉我爸爸，要不然他肯定饶不了我，也别告诉一楼那家人他家的玻璃是我踢坏的，否则我就会挨骂的。”

强强妈妈不想帮儿子隐瞒错误，她希望儿子做一个有担当的人，希望他能勇敢地面对自己的错误。于是，妈妈说：“儿子，我不希望你这么做，我希望你是一个有担当的男子汉。真正的男子汉就要不怕承担错误，要勇于面对自己的错误，勇于改正错误，你说呢?”

强强听从了妈妈的话，主动向一楼那家人道了歉，并用自己的压岁钱赔偿了买玻璃的钱。

培养孩子的责任感，教育孩子有担当，能够让孩子成为一个主动负责的人。这是家庭教育的重要内容，也是父母的责任。

成墨初给您的教养建议

● 当孩子遇到困难时，即使会让孩子吃些苦，父母也要控制帮助孩子的欲望，让孩子靠自己的力量解决。

● 当孩子犯错误时，父母不能忽视、淡化孩子的错误，应该及时指出错误，教给孩子正确面对错误、改正错误的做法。

## 5. 难道我这样做错了——分清孩子需要怎样的爱

一位读者向我讲述了处于青春期的女儿带给她的迷惑。

她女儿有一次和好朋友闹了矛盾，很苦闷。女儿跟妈妈说了这件事，她本想得到妈妈的理解，并希望妈妈能给她一些建议，没想到妈妈却背着她，越俎代庖地代替她去解决这个问题。这位读者找到了女儿的好朋友，代女儿向她道了歉，最后，她对女儿的朋友说：“好朋友之间闹点矛盾也没什么，要学会宽容一点，你别再跟我闺女计较了。”

不知是女孩妈妈的口气不好，还是她措辞不当，她的做法并没有得到女儿朋友的理解。

后来，女孩的好朋友又一次责怪她说：“你妈妈凭什么教训我啊？我怎么不宽容你、怎么跟你计较了？让你妈妈来教训我，你用意何在?”

结果，两个女孩的关系更紧张了。

为此，这个女孩跟妈妈闹，她埋怨妈妈说："谁让你去找我的好朋友了？真是多管闲事！"这位妈妈很迷惑：难道是我做错了？

妈妈的做法的确欠妥，且不说她没有处理好这件事，即使她将事情办得很漂亮，对于青春期的女儿，这样的做法也是多余的。

真正爱孩子，父母就要了解孩子真正想得到怎样的关心和帮助，了解孩子需要怎样的爱，而不是仅凭一腔热情和爱心，主观臆断地帮助孩子，一厢情愿地为孩子付出。

★ ★ ★ ★ ★

下面是我从邻居嘴里听到的一对母女的有关情况，这对母女是邻居家的亲戚。

这个女孩的父母很爱自己的女儿，每天对她嘘寒问暖，也很关心她的学习，对她期望很高，每天都会询问她的学习情况。可是，女孩却常常与父母发生冲突，常常抱怨父母并不是真正关心她，不是真正地爱她，因为他们并不了解、不理解自己。对于女儿的抱怨，父母时常觉得很委屈，可他们又不知道女儿究竟在想些什么，也不知道自己究竟该怎么做。

为了了解女儿的真实想法，有一次，妈妈偷看了女儿的日记。可就是因为这次偷看日记事件，母女间的矛盾爆发了，两人之间的关系更加紧张。从那以后，母女俩一开口就吵架，后来，女儿干脆不再跟妈妈说一句话。

在家有青春期孩子的家庭中，类似这种父母与孩子之间有矛盾和冲突的情况并不少见。亲子间产生矛盾最根本的原因，是父母不了解这个时期孩子的年龄特点和心理需求，不了解怎样的教育方式才是孩子需要的、是对孩子有益的。在这种情况下，父母对孩子的教育常常只会伤了孩子。

青春期的孩子都有自己的隐私和个人空间，他们也非常渴望被人理解，不希望父母只关心自己的学习和物质生活，而希望父母更要关心和理解自己内心的苦乐和需求。同样，每个年龄段的孩子都有其独特的特点和需求，父母要了解不同时期孩子的特点和心理需求，才能正确施教，才能给予孩子正确的爱。

★★★★★

我曾经看过一个电视访谈节目，节目中那位母亲的做法让我很有感触。

一个读高二的女孩失恋了，她马上就要进入紧张的高三学习，失恋事件对她的打击很大，让她很痛苦。

女孩的妈妈知道女儿很难过，但她也知道女儿是个明事理、坚强、独立的女孩子。得知女儿失恋之事，妈妈去了学校，找到了女儿。课间休息的时候，妈妈把女儿叫到了走廊的尽头，耐心地倾听女儿讲述了她的想法和感受。在这个过程中，妈妈没有说教，没有指责，她只是拥抱着女儿，让女儿靠在自己的肩膀上，任她哭。等女儿哭够了，妈妈只是简单地说："我的肩膀会永远让你依靠，无论你何时遇到了坎儿。我知道，哭过之后，你会明白应该怎么做，也相信你能处理好这件事。"哭过之后，看到妈妈理解和鼓励的眼神，女孩觉得心情好多了，也有了面对接下来的问题的信心。

父母要了解孩子的个性特点，根据孩子的个性特点采取相应的解决问题的办法，给予孩子需要的爱和帮助。

就像上面的故事中，女孩是个明事理、较独立的女孩，妈妈就是允许女儿哭，让女儿释放情绪，虽只说了几句简单的鼓励的话，但这就给了女儿很大的精神力量。

## 成墨初给您的教养建议

● 父母爱孩子，就要给孩子需要的爱，而不是父母认为应该给孩子的爱。比如孩子想要独立，父母就不要给孩子包办一切。

● 父母的爱必须和理解、尊重相结合。父母要理解孩子的心理需求，以尊重孩子为基础的爱才是最好的。

● 每个孩子都是不同的个体，当孩子需要父母的爱时，父母要按照孩子的个性特点，用最恰当的方式给予孩子爱。

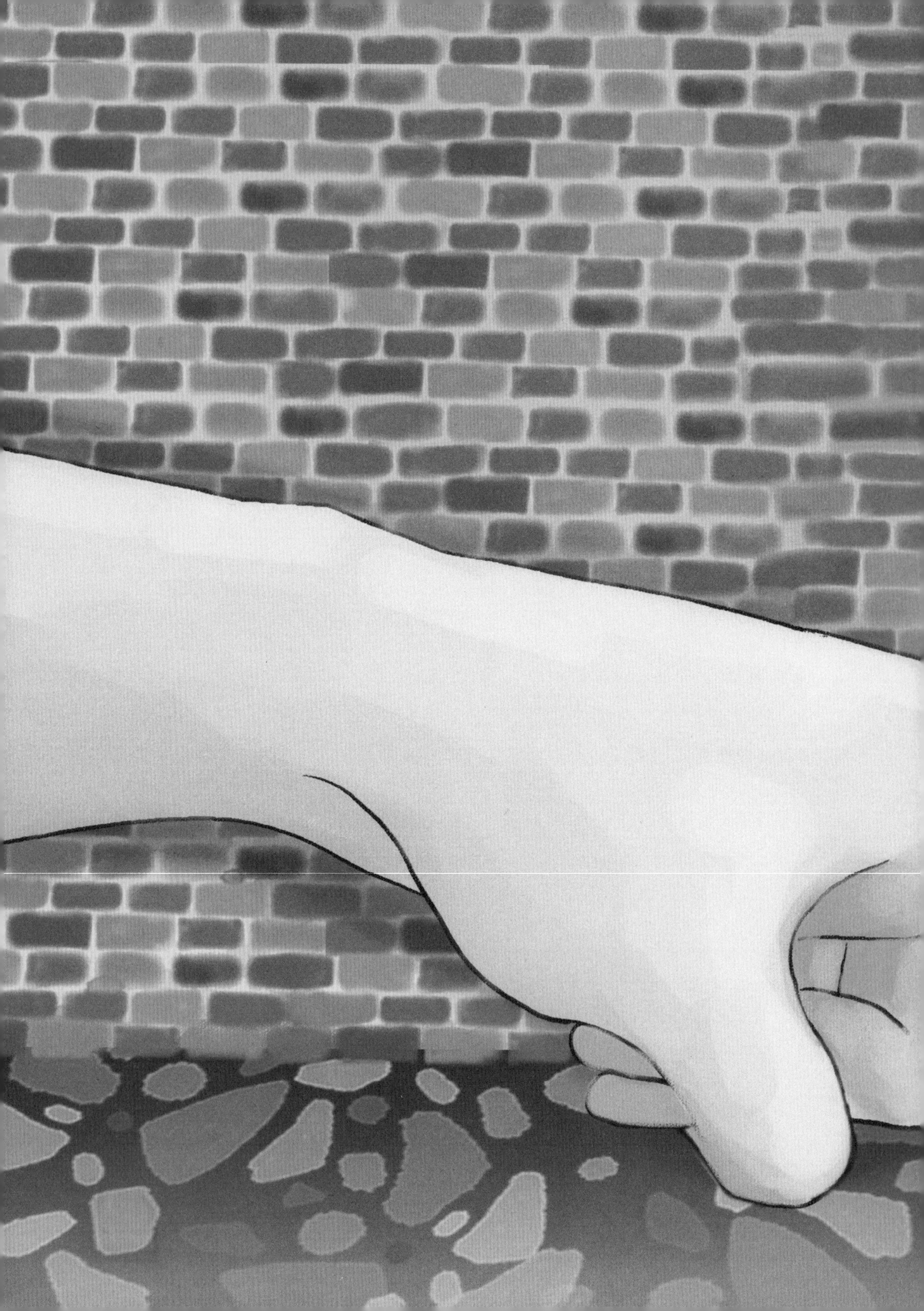

# Part Two

## 爱要顺应孩子的天性，而不要顺应你的心情

父母用自己的方式爱孩子，往往导致双方受伤。父母认为自己的爱心不被孩子理解，孩子则认为父母不是真的爱自己。爱的真谛是顺应孩子的天性，而不是顺应父母的心情。

### 1. 这孩子怎么这么犟——了解孩子的特点后再教育

我去参观一所私立幼儿园时，发现了一个很特别的女孩。这个女孩5岁，她总是一个人玩，不喜欢和其他小朋友一起玩。

女孩的妈妈说，女儿在幼儿园经常是这种表现，几乎不跟其他小朋友玩，更没有好朋友。

对于女儿的表现，妈妈有些担心。实际上，妈妈也曾发现女儿在上幼儿园前就不太喜欢与别人一起玩，但因为那时女儿与同龄孩子接触的机会较少，妈妈就没把此事放在心上。

女儿上幼儿园后，妈妈曾去幼儿园悄悄地观察了她几天。妈妈拿自己的孩子与别的孩子一比较，发现女儿与别的孩子确实不一样，别的孩子总是很在一起玩闹，玩得很疯，很开心，而她女儿却常常一个人在一边独自玩。

妈妈担心女儿的人际交往问题，担心这样下去对女儿的成长不利。于是，无论在幼儿园，还是在其他公共场所，妈妈一直创造机会让女儿和其他小朋友一起玩，并嘱咐老师多多关注女儿，帮助女儿改变这种性格。但据说，女儿非常反对妈妈的这些安排，时常对妈妈大喊：“不，就不和他们一起玩。”对于女儿的做法，妈妈很不理解，常常责怪女儿说：

“你这孩子怎么这么倔强呢？和小朋友一起玩多好啊！”

其实，我认为这个女孩的表现并不是严重的问题。因为我发现，她并不是一直独自玩，偶尔也和别的孩子尤其是大一些的孩子玩，只是相对更喜欢一个人玩。我想，这是一个有个性的女孩，她更喜欢独处，所以，我建议女孩的妈妈不要太强求女儿。

孩子在年幼时，就已经显现出了不同的个性，如有的孩子喜欢热闹，有的孩子喜欢安静，有的调皮，有的文静，等等，父母要了解和认识孩子的这些个性特点，在尊重孩子的个性的基础上，去寻找适合孩子的教育方式。

★ ★ ★ ★ ★

丫丫是我一位网友的女儿，9岁，她不太爱讲话，喜欢用字条或绘画的方式向爸爸妈妈和老师表达自己的想法。

有一次，女儿想要一条漂亮的裙子，她没有直接跟妈妈说，而是给妈妈写了一张纸条：“妈妈，我想要莉莉那样的裙子，您给我买一条，好吗？”妈妈是个性格豪爽的人，与女儿的性格截然不同。当时，看到女儿放在自己梳妆台上的纸条后，妈妈有些不悦，她不喜欢女儿这种做法，埋怨女儿太内向。

讲到这件事时，丫丫妈妈对我说：“我闺女太不喜欢讲话，跟她爸爸一样，我不希望她这样，性格太内向。要一条裙子，直接跟我说出来不就行了吗？还这么麻烦，还要写纸条！”

我笑了，因为我认为这并不是一个大问题，孩子喜欢用书面文字表达想法和感受也并不是个缺点。所以，我问孩子的妈妈：“这有什么问题吗？”

“当然有问题，孩子不喜欢讲话，将来与人相处是要吃亏的。”

“为什么你断定她一定会吃亏呢？”

妈妈回答不上来。

每个孩子表达自己的方式不一样，有的孩子喜欢直白地说出自己的想法和感受，有的孩子会用很委婉的语言说出，而有的孩子则会用书面文字、眼神或动作等来表达。

父母要了解自己的孩子喜欢用的表达方式，只要这些表达方式不影响孩子的正常生活和学习，父母就要理解和接纳。

★ ★ ★ ★ ★

这是我在电视上看到的一个片段：

一个初中女孩，晚上在家复习功课、学习时，喜欢一边在房间里走动一边看书，有时会出声地朗读，或者一边听着轻柔的音乐一边学习或写作业。

妈妈每次看到女儿的这些举动就很不满，她觉得女儿的做法是学习不专心的表现，肯定会影响学习效率。所以，妈妈每次发现女儿有这些举动时，就会责备她："你能不能老老实实地坐在书桌前专心地学习？瞧你吊儿郎当的，哪像个学习的样子？"妈妈要求女儿一定要改正这些做法。每次遭到妈妈的批评，女儿就很委屈，常常反驳妈妈说："我怎么就不专心学习了？我怎么就吊儿郎当了？我觉得我这样学习挺好的，效率挺高的。不管哪种学习方式，学会了知识、做好了作业就行啊。""你要是能再专心一点，不是更好吗？学习效率不是更高吗？"妈妈始终理直气壮。但女孩也坚持认为自己这样学习效率会更高，并不愿意按照妈妈要求的方式去学习。

我猜得出，女孩是听觉或动觉学习者，就是她更擅长通过听觉、动觉来获得知识信息。比如，她擅长通过听人讲、讨论、听录音或一边听音乐一边学习，或通过动作或实际操作等方式来学习。

每个孩子学习知识经验以及做事的方式不同，如有的孩子喜欢静静地看书，有的则喜欢动手操作，有的喜欢一个人学习、做事，有的则喜欢与人合作等，这是不同学习类型和学习方式的差别。

父母要了解自己孩子的学习类型和学习方式，根据孩子不同的学习类型或方式，帮助孩子找到更适合他自己学习的方式方法，这样孩子会进步更快。

成墨初给您的教养建议

● 每个孩子的个性特点都不同，采取适合孩子的教育方式能得到最佳的教育效果。教育孩子之前，父母要从孩子的日常生活中仔细观察，总结孩子的个性特点。

● 父母不要主观判断，认为孩子的某种性格不好，只要这些不影响孩子的健康生活，父母就不要干涉。

● 除了个性外，孩子的表达、学习、游戏、交往等，都有孩子各自的特点，都需要父母的理解和尊重。

## 2. 不，我自己来——爱和教育都要遵循儿童成长规律

一位网友曾向我求助，说她的女儿上初中后发生了很大的变化，变得非常叛逆，她不知道该如何教育女儿。

女孩的妈妈告诉我，以前总喜欢在妈妈面前叽叽喳喳的女儿也不再和妈妈亲热了。现在，每次女儿进了自己的房间都要将门关得严严实实，甚至在里面插上插销，女儿的抽屉上了锁，日记本也换成了带锁的。

“我女儿以前不是这样的，以前，她的房间我是随便进出的，现在，她要求我进她房间前必须敲门，这是怎么回事啊？把我这个当妈的当成外人了吗？女儿上小学的时候，她把日记主动给我看，可现在她根本不让我碰。我怀疑她是不是有什么不好的事情瞒着我啊？”

妈妈不明白女儿为什么会有这么大的变化，她担心女儿是不是做了什么“坏事”，担心女儿“变坏了”。

看了网友打出来的那些文字，我心里感叹：做父母真是不容易，但这种不容易却是因为父母的无知造成的。

我理解女孩妈妈的焦虑和担忧，但也理解女孩的做法。

我给女孩的妈妈发过去一个笑脸的图片，说：“您女儿的变化是好事，说明她长大了，她很多表现都是孩子在成长过程中发生的正常现象，是孩子到了青春期时的正常表现。孩子到了青春期，就开始渴望有自己独立的心理空间，不希望别人随意闯入这个空间，如果父母不了解这一点，盲目闯入了孩子的私密空间，就是对孩子的不尊重和冒犯，这会让孩子反感甚至愤怒。做父母的，要慢慢接纳孩子这些变化，给孩子空间和自由，逐渐适应孩子逐渐拉开与父母的距离并走向独立的过程。”

青春期孩子有不同于其他年龄阶段的特点和规律，父母要了解青春期孩子的特点和规律，遵循这一时期孩子的特点和规律进行教育。

★ ★ ★ ★ ★

桐桐不到两岁时就表现出了较强的自主意识和叛逆心理，什么事情都喜欢说“不”、“我自己来”。

那时，我母亲在帮我们带孩子，她喜欢很多事情都帮桐桐做好，可桐桐偏偏不喜欢别人为她做很多事。为此，祖孙俩常常发生矛盾。

一次，妻子给桐桐买了一件粉色的套头上衣，桐桐很喜欢，急忙拿来要穿上。动作还不很熟练的桐桐怎么也穿不上那件衣服，但她还是坚持自己穿，累得满头大汗也不放弃。

奶奶在一旁看得心急，就走上前，想要帮桐桐穿上衣服。桐桐见奶奶插手，急忙拿着衣服走到了一边，嘴里还说着：“我自己来。”

奶奶对桐桐说：“你自己穿不上的，我来帮你。”说着，母亲又靠近了桐桐。

桐桐又一次远离奶奶几步，她撅着嘴巴，不高兴地说：“我自己来”。

其实，我和妻子也看着着急，桐桐已经忙乎了十几分钟还没有穿上衣服，但我心里也佩服她的耐心和毅力。

我没话找话地说：“桐桐自己来，桐桐自己能穿上衣服，对不对？”

说着，我悄悄走到她身后，趁她不注意，轻轻抓起那件衣服的后襟，放到她头上，然后轻轻往下拉了一下，再加上桐桐自己的努力，她的大半个头露出了衣服的领口。

“哟，马上就穿好了，桐桐穿得真好。”我大叫起来。

胜利在望，借助我悄悄的帮助，桐桐终于穿上了那件衣服。

不管是青春期孩子，还是幼儿时期的孩子，每个年龄段的孩子都有一定的成长规律，父母要了解不同年龄孩子的成长规律，这是正确进行教育的基础。

★★★★★

有一位单亲父亲曾带着女儿来找我，向我诉说了他的焦虑：4岁的女儿只喜欢玩，而不喜欢学习、读书，他担心女儿以后学习不好。

为了帮助父亲解决他和女儿的“问题”，我让他演示了一下他是如何教育女儿学习识字、看书的。

这位父亲很认真地坐在桌旁，拿出一张纸，一边缓慢地书写着“水”字，一边对女儿说：“来，我来教你写字，这是‘水’，‘喝水’的‘水’。”父亲的表情很严肃，语调也单调。刚开始，女儿还很认真地看着爸爸，跟爸爸学习写字，可没过几分钟，女儿就独自跑开了，嘴里嚷着“不好玩”。

接着，我拿出一本故事书，让父亲给女儿讲故事。父亲又面无表情、很严肃地给女儿读起了故事。刚读了几分钟，女儿就推开爸爸手中的书本，说道：“不听，不听。”

最后，父亲无奈地对我说：“你看，我的孩子就这样，总是没有耐心，她只想着玩，这样下去可怎么行啊？”

我对孩子的父亲解释说：“您女儿这么大的孩子应该是在玩中学习的，死板的教学方式并不适合她。恕我直言，您刚才的教育方式太死板、太教条，所以孩子不喜欢。其实，并不是您的孩子不喜欢学习，只是她不喜欢这种呆板的教育方式。”

接着，我教这位父亲如何教女儿识字，如何给女儿声情并茂地讲故事，如何和她一起表演故事等。

幼儿时期的孩子是靠形象事物和动作来学习的，所以教育方式也要活泼有趣，要形象生动。随着孩子年龄的增长，其抽象思维能力逐渐增强，孩子就能理解抽象的语言讲解。

这就是说，教孩子学习知识，也要遵循孩子的成长规律。

成墨初给您的教养建议

● 孩子在每个成长阶段都有各自的规律，父母可以通过书籍或是借鉴他人的经验，提前了解孩子的成长规律。

● 遵循儿童成长规律，就是尊重孩子当前的能力。父母可以对孩子给予一定的期望，但是不要对孩子过高期望，对孩子的要求必须符合孩子的当前能力。

● 给孩子好的教育是父母的心愿。但是，在教育孩子时，父母必须考虑孩子的成长特点，让孩子循序渐进地接受教育。

## 3. 女儿像个假小子——顺应孩子的本性，让孩子自由绽放

老刘有一个8岁的女儿，读小学三年级，非常活泼开朗、调皮好动、泼辣洒脱，她经常和男孩子一起疯闹，用她妈妈的话说，是“女儿不像个女孩子，却像个假小子”。

老刘像很多父亲一样，喜欢女孩，但他喜欢乖顺的小淑女。对于女儿男孩子气的一面，老刘认为不好，所以他要求女儿改变这些行为。

他常常责怪女儿说：“你每天疯跑疯闹，像个野小子，没一点女孩子样。”对于爸爸的责怪，女儿始终不当回事，常常冲着爸爸嘿嘿一笑，照样疯跑疯闹。但老刘还是开始有意识地训练女儿的言谈举止，希望她变成为一个小淑女，达到他心目中的那种女孩形象。遵照自己设定的“淑女标准”，老刘细心地教导女儿如何与人说话，如何“笑不露齿”，吃饭时如何闭嘴不出声地咀嚼，举止如何温婉、贤淑，等等。可是，老刘的女儿却觉得爸爸那一套太拘束、太死板，经常拒绝爸爸的要求，依旧

“我行我素”。

或许老刘并不知道，女儿的本性如此，或许女儿并不适合做一个温柔、静雅的淑女，老刘的做法只会压抑和扭曲女儿的个性。

可见，父母要了解孩子的本性，不能遵照父母自己的标准和要求，强求孩子改变他的某些行为。

★★★★★

新新是我一个小学同学的孩子，比桐桐小 4 岁，他特别调皮好动，精力非常旺盛，无论在哪里，他常常会“闹翻天”，这让照看他的妈妈每天都筋疲力尽。

一次，新新妈妈带他到我家来做客。母子俩刚一进门，新新就跑开了，他跑到我家卧室里，将椅子上的几件衣服抱起扔到了床上，而他坐到了椅子上。刚坐了几秒钟，新新又从椅子上爬下来，来客厅里看桐桐绘画，看着看着，他拿起旁边的一张纸和一支笔画起来。不一会儿，新新就将整整一张纸画满了，全都是些没有任何规则的线条。画完后，他对着自己的“作品”哈哈大笑，并嚷着让我们欣赏。

绘画玩腻了，新新就走到墙角那些摞起来的塑料凳子旁，将凳子一一取下来，并在客厅的空地上一字排开，排完了，他又将凳子一一倒过来放在地上。

新新妈妈觉得儿子这样乱动我家的物品，有些不好意思，就一直在劝阻儿子不要动这个，不要动那个。

“没事，让他玩吧。”我说。

“这孩子太调皮了，总是这样乱动，他每天不把我折腾到没有一点力气不罢休。哎，愁死人了。”新新妈妈说，看上去很不满意儿子的表现。

我笑着说：“我觉得您儿子很好啊，他活泼，精力旺盛，好奇心强，有很多的能量……”

“哎，您是不知道啊，他在家常常到处乱冲乱撞，乱摸乱动，总是弄坏了东西，搞乱了环境……”新新妈妈不停地抱怨。

“很正常，好动是孩子的本性，不好动的孩子反而可能有问题。我们允许孩子多活动，释放孩子的精力和能量，只对孩子可能会伤害自己、伤害他人和环境的行为给予引导就可以了。”我解释道。

好动是孩子的天性，父母不要对孩子的行为有过多的限制，要在安全的条件下，让孩子多活动，有利于发展孩子的身心和大脑。

★★★★★

我曾见到过一个非常文静的男孩，别的孩子在疯玩的时候，他总是安静地坐在一边，看着别人玩；即使与别人一起玩时，他的动作也总是轻轻柔柔的，缺少男孩应有的那种阳刚之气，而更多地显示出“阴柔”的特点。

男孩的妈妈担心儿子“将来被欺负”，希望他变得阳刚一点，就总是要求儿子和阳刚、豪放甚至有些粗野的男孩一起玩，不让他和女孩玩，目的是想培养他更多男孩的个性。有时，见儿子如此“懦弱”，妈妈会批评他，指责他不够“勇敢”。但妈妈的指责、教育似乎没有作用，儿子依然像个“老蔫”。

事实上，我了解到，这个男孩的父亲也是这种性格。

或许妈妈真的不喜欢儿子的个性，或许是儿子遗传了父亲的秉性，妈妈把对丈夫的不满转移到了儿子身上，她指责儿子，要求儿子改变，其实也是在指责丈夫，希望丈夫改变。

孩子本来的性格如此，妈妈可以创造一些机会让孩子多跟男孩子一起玩，培养儿子阳刚的个性，但不可强行让孩子改变个性。

对于这种情况，我想，如果孩子的性格、个性并不会给自己、给他人带来麻烦或伤害，就不要强求孩子去改变。

## 成墨初给您的教养建议

● 了解是教育的第一步。孩子的很多行为是天性使然，父母不要轻易判断好坏，要先多和孩子交流，多听听孩子的想法，真正了解孩子后再进行教育。

● 给孩子更多的自主权，让孩子按照自己的天性发展，孩子没有了条条框框的束缚，思维和能力都会得到大幅度提高。

● 利用孩子的天性进行教育。孩子的天性不同，对应的教育方法也不同，用适合孩子天性的方式进行教育，教育会更加有效。

## 4. 你不能这么做——给孩子宽松的空间，别盯得太紧

一次，我去一朋友家交流有关图书出版的问题。当时，我发现他不到1岁的儿子赤着脚、穿着短裤和背心在地上走来走去。朋友说儿子不愿意穿鞋子，每天都会将鞋子脱掉，赤脚在冰凉的地板上摇摇晃晃地走来走去或爬来爬去。当时已经是夏天，天气不是太凉。可朋友的妻子发现儿子赤脚走路，担心他着凉，就一直要求他穿上鞋子。

对妈妈的要求和“强迫”，儿子不从，就大哭大闹。而妈妈也始终不答应儿子，要给儿子穿鞋子。母子俩就这样僵持着。

我问朋友的妻子：“让孩子赤脚在地上爬又会怎么样？”

朋友埋怨妻子道：“她呀，就是太多心了，管得太多了，我觉得孩子这样也没事。”

朋友的妻子反驳丈夫说：“不行，这地板多凉啊，再说，地板上肯定有很多细菌，孩子感冒生病了怎么办？难道你不心疼吗？”

我觉得朋友的妻子想得太多了。如果我的孩子这样做，我不会限制孩子的行为，而是给孩子自由宽松的空间，只要没有危险，就允许孩子去做。

★ ★ ★ ★ ★

桐桐两岁多的时候，我给她买了一套木质的积木，包装盒上有用这些积木搭成的各种楼房、桥梁等图案，提示孩子可以按照图案去搭积木。

那时，桐桐已经是个比较有个性、有主见的孩子，她不喜欢按照图示或规则的要求搭积木，喜欢按自己的方式去搭。

一天，桐桐又在独自搭积木，她没有按照“规则”将大块积木放在下面、小块的积木放在上面，而是将大小积木颠倒过来摆弄着。这样，她刚刚搭了几块，积木就倒了，并散落了一地。积木倒了，桐桐就重新搭。

妻子苦笑着看着女儿。

桐桐搭积木几次“失败”之后，妻子就开始一边示范、一边教导她说：“你这样搭是不对的，你看，大的要放在下面，小的要放在上面，这样就不容易倒了。”

可是桐桐并不听从妈妈的教导，她推开妈妈的手，依旧按自己的方式搭着积木。当妻子再次拿起几块积木要教桐桐的时候，桐桐有些生气了，她夺下积木，嘴里嚷道：“不要。”

见状，我忙走上前，小声对妻子解释说：“别管她，让她按自己的方式去搭，她这样反复摆弄积木，其实是在尝试中探索。”

听了我的解释，妻子不再“指导”女儿。

在孩子玩玩具或玩游戏的时候，父母尽量不要规定孩子一定要怎样玩，不要限制孩子创造性的玩法。对孩子而言，他每一种玩法都是一种创造和探索，都应得到保护和尊重。

★★★★★

女儿桐桐一直喜欢画画，而且她喜欢天马行空、不受限制地画，很多时候，她画的根本“不像”她要画的那个东西。

桐桐上幼儿园的时候，有一天，我去接她，她拿着自己的一张画来到我身边，看上去有些不开心。

见此情景，我忙问：“桐桐，你怎么了？遇到什么不开心的事情了吗？”

桐桐嘟着嘴巴，将手里的画递给我，说：“爸爸，你看。”

我拿起桐桐的那张画，看了看。

原来，桐桐的那张画上，她将树叶画成了粉色，美术老师在粉色的叶子旁边画了一个叉号，并给桐桐的作品打了一个“良”的成绩。

我似乎明白了什么，心想，可能因为桐桐喜欢粉色，所以她把树叶画成了粉色的。

我问桐桐："你是不是因为把树叶画成了粉色，老师给你打了一个叉号，所以你不高兴?"

桐桐点了点头。

我又问："你为什么把树叶画成粉色呢?"

"因为我喜欢粉色的树叶。"桐桐很认真地回答我。

我一时不知道如何安慰桐桐，不知道该教育她"尊重事实"，还是尊重她的独特想法和做法。

过了一会儿，我想起了小卡尔威特的父亲对待儿子画蓝苹果的例子，明白了自己该怎样做。我蹲下来，笑着对桐桐说："桐桐，你没有错，说不定将来你真的能培育出粉色的树叶呢。"桐桐望着我，笑了。

这件事让我深思：现实世界中，我们的确很少看到粉色的树叶，但我们不能扼杀孩子的想象力和独特的创造力，对孩子而言，他们的世界有无限的空间和可能性。

## 成墨初给您的教养建议

● 给孩子适当的空间，除非有危险或危及到他人，否则父母不要干涉孩子的自由。

● 给孩子玩的空间，既要给孩子玩的时间，又要给孩子玩的自由，孩子想玩什么，怎么玩，都让孩子自己做选择。

● 给孩子学习的空间，让孩子自由发挥自己的想象力和创造力，开发自己的潜能，认识和探索世界。

## 5. 你能不能麻利点——不要揠苗助长，学会等待孩子成长

小区里有个叫铭铭的 8 岁小女孩，读小学三年级。铭铭非常漂亮，也很聪明、活泼可爱，但她最大的缺点就是磨蹭，这一点让她的妈妈非常头疼。

一次，我在小区里遇到了铭铭的妈妈，她向我讲述了自己的烦恼。

“我家铭铭做事特别磨蹭，成老师，您有什么办法吗？”

“您能说得再详细点吗？”我要求她说下去。

“我家孩子一件小事会磨蹭大半天，每天早晨上学前，我起床时也喊她起床，可等我洗刷完了，做好了早点，她却连衣服都还没有穿完；等我快吃完了早点，她还在慢腾腾地刷牙洗脸。为了我上班不迟到，她上学不迟到，每天早晨我都得一遍遍地催促她，可她就是快不起来，常常带着早点在路上或是在车上吃。每天早上，因为时间很紧张，我都像打仗似的赶快忙活，可女儿总是一副慢悠悠的样子。晚上写作业的时候也是这样，本来半个小时可以完成的作业，她边写边玩，常常要写到 11 点多才写完，这样影响了她的休息。无论我好说歹说，她就是改不掉这个毛病，哎……”铭铭妈妈长叹了一口气。

听了铭铭妈妈的话，我说：“小孩子磨蹭，是比较普遍的现象，我家桐桐也是这样。这是因为孩子做事的能力和技巧还不完善，做事速度和熟练程度肯定不如成人。改变孩子的磨蹭，我们就得通过让他做事不断提高技巧和速度，我们也可规定孩子在某个时间内完成某事，逐渐培养孩子的时间观念。”

孩子毕竟是孩子，他们做事的速度总不如成人快，父母要做的是，不以自己的标准评判和苛求孩子，而要学会等待孩子成长，等待孩子的能力逐步提高。

★ ★ ★ ★ ★

我记得刚上小学的时候，妈妈就开始让我自己整理自己的书包、书桌、房间、床铺等，虽然我是男孩子，但妈妈希望我能自理。

最初，我很认真地按照妈妈的要求去做这些事情。但是，每次整理完后，我常常会遭到妈妈的责怪，因为我整理得不够整齐。我很委屈，我当然用心地整理过，可就是达不到妈妈的标准。那个时候，妈妈的批评和做法，让我觉得自己很笨，认为自己总是做不好。

如今，我终于明白了当时整理房间、床铺、书包这些“芝麻小事”带给我和妈妈的不同感受，明白了自己的委屈和妈妈的不满。

妈妈是个很仔细、认真、爱干净的人，她喜欢整洁、整齐。在她眼里，我做的那些事根本“不达标”。但我已尽了自己最大的努力，做到了自己认为最好的结果。

由于这个原因，我后来常常会偷懒，对整理房间、床铺等这些小事越来越没有兴趣和热情。

相比成年人，孩子做事的能力欠缺，技巧性、准确性肯定不如成人。对此，父母不要强求孩子，要能够容忍孩子的“不规则”、“不规范”、“不熟练”，给孩子成长的空间。

★★★★★

圆圆是桐桐的一个朋友，两人同岁，她曾经是桐桐幼儿园的同学。但由于圆圆上幼儿园时生了一场大病，耽误了上学，休学一年。

圆圆原本学会说话就比较晚，再加上她性格内向，不喜欢讲话，以及生病等原因，所以到现在，她的口头表达能力还不是那么顺畅。跟别人说话的时候，圆圆说得很慢，时常会结巴，有时也会突然不知道跟别人说什么。由于这个原因，圆圆更不喜欢在别人面前讲话。

圆圆妈妈看到女儿语言表达能力如此差，而别的同龄孩子个个都能说会道，她有些焦急，对女儿也有点“恨铁不成钢”的埋怨，似乎女儿笨拙的说话能力让她很没面子。当别人问圆圆话的时候，在一旁的妈妈见女儿总是答不上来，就很着急，觉得女儿很笨拙，常常会代替女儿回答。

妈妈这样做，让圆圆很自卑，她更不喜欢在别人面前讲话，这也更让妈妈生气。圆圆妈妈的做法不仅对女儿提高口头表达能力无益，反而会起反作用。

对于孩子在某方面比较差的能力，父母要做的不是批评、指责和打击孩子，而是要给孩子机会锻炼，多看到孩子的进步，给孩子信心和鼓励，让孩子不断提高相应的能力，陪伴孩子一起成长。

至于圆圆的妈妈，她不应批评、埋怨女儿讲话不好，也不应代替女儿答话，而应多看到女儿的长处，给女儿表扬和鼓励，鼓励女儿多讲话，帮助她逐步提高口语表达能力。

成墨初给您的教养建议

● 父母在教育孩子时，不要用成人的标准看待和要求孩子，孩子的成长有自己的步伐，父母必须耐心等待。

● 父母不要轻易批评孩子“笨”“没用”，这样会给孩子负面暗示，让孩子真的往坏的方向发展。

## 6. 他一定是个天才——用爱打开孩子的潜能宝库

丁丁刚出生的时候，妈妈就很重视对他的早教，妈妈曾看过《卡尔威特的教育》一书，并亲身实践，尽量用书中的方法教育儿子，想把儿子也培养成一名“神童”。但是，丁丁并没有表现出“神童”的迹象，他的妈妈说，儿子看上去好像还不如没有实行早教的孩子聪明。后来，丁丁妈妈泄气了，就放弃了培养儿子成为“神童”的计划，她说：“我儿子没有天才的细胞，我再怎么教育他也没有用。”

事实上，我清楚地知道，丁丁并不是“没有天才的细胞”，因为每个孩子生来都有无限的潜能，如果教育得当的话，都可以被培养成天才。只是，丁丁妈妈所采用的教育方法不妥，她总是逼迫儿子学习各种东西，并没有遵从儿子的天性和兴趣，或许是她太想看到教育儿子成功的结果。

听了丁丁妈妈的抱怨，我对她说：“您儿子一定具有某方面的天赋，虽然您在对他的教育上很努力，但是方法不对，可能您太急切。如果您用适合他的教育方法，并始终保持一颗平常心，您儿子一定能发挥更大的潜能。”

虽然我对丁丁妈妈讲了很多有关早教的知识，但无奈她在教育孩子的问题上始终不能摆正心态，也不能去探索适合自己孩子的教育方式，对儿子多年的教育自然也没有取得很好的效果。

★★★★★

一个读高二的女孩曾给我发过一封邮件，向我讲述了她的烦恼。

女孩很喜欢表演，经常参加学校的文艺活动，表演一些小品、话剧之类的节目，她很想报考影视专业。但是，她的想法却遭到了妈妈的强烈反对，她妈妈说：“很多明星从小就有表演天赋，你没有这方面的天赋，你只是小打小闹地参加过学校的一些文艺活动，你要想考影视专业，以后要想红起来，太难了。”可女孩很执著，她向妈妈陈述自己的理由：“我可以努力学习表演艺术，努力训练。即使我没有表演天赋，但我认为勤奋也可以让我获得成功。”

但无论女孩如何解释，妈妈都不同意。为此，女孩写信向我求助，希望我能给她一些意见和建议。

女孩对我说：“有时，我觉得我妈妈说的有道理，有时觉得她说的没道理。难道没有天赋就一定不会成功吗？但我真的很喜欢表演。现在，我不知道自己究竟该如何选择。成老师，您能给我一点意见吗？”

当然，我不能非此即彼地判断她们母女俩谁对谁错。但我认为，如果孩子很想做某事，并愿意为之付出努力，父母要尽量予以支持。很多孩子的天赋并非马上显露，而勤奋和努力可以唤醒沉睡的潜能或弥补天赋的不足。

★★★★★

每个孩子都有无限潜能，我一直坚信这一点，即使孩子当时并没有表现出某种天赋。父母不仅要相信孩子，也要鼓励孩子相信自己，鼓励孩子坚持去做自己想做的、喜欢做的事情。

桐桐最初想学画画时，我给她报了一个绘画班。刚开始几天，在那个绘画班里，对老师布置的绘画任务，桐桐总是不能按时按质完成，有时会被老师指责。老师还曾说过桐桐不适合学画画。桐桐为此很自卑，也有些泄气，她甚至想放弃绘画。我很希望桐桐能坚持画下去，倒不是希望她能成为画家，只是希望她能接受一点艺术的熏陶，也希望她做事能坚持到底。但桐桐不再那么喜欢画画，也拒绝再画，她常常说："我画不好，我很笨。"

经过与那位老师的交谈，我逐渐了解到，他并不是一个合格的绘画老师，不仅画技一般，而且不懂教育。我不懂画，所以当时没有认真地考虑这个问题。因此，我毅然让桐桐退出了那个绘画班，转到了另一个绘画班，我不想让桐桐对于绘画的热情和信心被销蚀掉。

我告诉桐桐说："你那个老师说得不对，你可以画好的，而且你一点都不笨。只要你好好画，用心画，跟现在的这个美术老师好好学习，你就一定能画得越来越好。"

后来，桐桐的绘画能力果然有了很大的提高，她的画作不仅经常受到老师的表扬，还被当做优秀作品在学校多次展出。

## 成墨初给您的教养建议

● 开阔的思维是开发孩子潜能的基础，父母不要束缚孩子的思维，可以通过一些小游戏、小事情帮助孩子锻炼思维能力。

● 培养孩子多种兴趣爱好，如运动、唱歌、跳舞、绘画、弹钢琴等，从中发现孩子的最爱，从而发展孩子的特长。

● 父母要用心去发现孩子的天赋，给孩子提供发挥天分的环境和机会，引导孩子开发潜能。

## 7. 你怎么就不如别人——每个孩子都是独特的，与众不同的

去年夏天的一个傍晚，我带桐桐在小区广场上玩，每天晚上都有很多孩子和家长在那里乘凉休闲。

刚到广场，桐桐就加入几个经常一起踢毽子的孩子中，和他们玩起了踢毽子。

我发现广场边上有几个年轻父母在讨论有关孩子的问题，我也加入他们之中。在这群成人中，有一个叫乾乾的男孩，他正依偎在他妈妈的身边。

这时，我听到乾乾妈妈对另一位妈妈说："我儿子学习不行，不如你儿子成绩好。"妈妈说这话的时候，乾乾似乎有些不好意思。

"我听说乾乾学习不错啊。"一位男士对乾乾妈妈说。

大概是为了表示"谦虚"，乾乾妈妈急忙说："哪里呀，我这孩子啊，什么都不让我省心，学习不如鹏鹏，没有东东懂礼貌，也不像丁丁那样爱做家务。"

被自己的妈妈当众"揭短"，乾乾很生气，他抬头对妈妈说："我这儿不好，那儿不好，你给好孩子当妈妈去啊。"

乾乾的话让众人都笑了，我没有笑，我心里替乾乾感到难过。

我了解这个叫乾乾的男孩，知道他很善良，喜欢帮助别人，对同学和朋友很讲义气。我插话说："我觉得乾乾很不错啊，他有很多比别人优秀的地方呢，乾乾妈妈对儿子的要求也太高了吧？"

继而，我问乾乾："听说很多小朋友都喜欢和你玩，你怎么不去和他们一起玩？"

"我这就去。"说完，乾乾甩开妈妈抓着他的手，跑到了一群孩子们的中间。

待乾乾走后，我对乾乾妈妈说："我觉得，我们尽量不要当着孩子的面说孩子的缺点，尤其不要拿孩子的缺点与其他孩子的优点比较。您看，刚才乾乾不高兴了吧？"

乾乾妈妈点了点头。

望子成龙、望女成凤的父母，恨不得自己的孩子各方面都优于别的孩子，但这是不现实的。

每个孩子都有各自的优势和劣势，都有自己的优点和不足，父母要相信每个孩子都是独特的、值得爱的，要懂得接纳自己的孩子，尤其要接纳孩子的缺点和不足。

★★★★★

有一次，我和小区里几位家长在我家为孩子们组织了一次集体活动。在活动中，每个孩子都表演了各自拿手的节目，还有几个孩子集体表演节目。

举办这种活动的目的，是让孩子们有更多与同龄孩子交往和相处的机会。因为，在独生子女占绝大多数的当今社会，同伴交往成了家庭教育中的一个突出问题。

在这次活动中，因为大人孩子都比较熟悉了，几乎所有的孩子都争先恐后地表现自己。只有一个叫洋洋的女孩有点与众不同，她没有表演任何节目，自始至终，她只是给别人拿水果、递瓜子、倒水，做一些服务性的工作。

有好几次，几个成人都怂恿洋洋表演节目，她的妈妈也多次劝女儿为大家表演舞蹈，但洋洋依然自顾自地忙着为大家服务。

我看到洋洋的妈妈无奈地摇摇头，低声嘟囔了一句："这孩子真没出息。你看看人家，节目表演得多好啊。"

看着洋洋的举动，我笑着对她妈妈说："您闺女很有爱心，很善良，您看她为别人服务的时候多细心，多有耐心啊。将来她肯定是个很受人欢迎的人，是个能给别人带来温暖的人。"

洋洋的妈妈苦笑，没有再说什么，也没有再强求女儿去表演节目。

对于孩子表现出来的与很多孩子不同的或不入父母"法眼"的行为，父母不可简单地以普遍的标准去衡量并加以阻止，只要对人、对己、对周围环境是无害的，父母就要尊重孩子。

★★★★★

桐桐有一次写生字，因为老师要求每个生字写20遍，桐桐那个写字本每个字恰巧可以写满两行。

我发现，桐桐在写的时候，她不是按规矩从左向右按顺序写，而是从右向左一个格一个格地写。

我本打算“纠正”桐桐的做法，要求她“一本正经”地按规矩写。可转念一想：她这样不按规矩写有什么不对吗？因此，我没有阻止她，而是好奇地看着她继续写下去。

其实，桐桐经常做出一些类似的“不合规矩”、“有反常态”的事情。比如，在家里，她每次上卫生间，不是双脚走路过去，而常常是单脚跳着过去。穿前襟带纽扣的外套时，她不是按大多数人正常穿外套的方式，先穿上袖子再系扣子，而是先将外套的几个纽扣扣上，然后像穿裤子那样从脚底穿上来。用玻璃杯喝水时，她不是用手拿住杯子喝，而是只用嘴巴叼住杯口慢慢喝。很多和桐桐同龄的孩子大都喜欢看电视，尤其喜欢看动画片，但桐桐似乎不怎么看电视。有时，我倒希望她能多看一些有教育意义的电视节目或动画片。

对于此类事情，我很少去批评桐桐，只要时间允许，没有什么危险或危害，我就允许她按自己的方式去做。

我想，每个孩子都是独特的，都有自己喜欢做的事情，也都有自己喜欢的做事情的方式，我们应该尊重孩子的喜好和做法，尊重孩子的独特性。

## 成墨初给您的教养建议

● 每个孩子都是独一无二的，都有自己独特的个性特点和为事方式，父母要尊重孩子的这种独特性。

● 每个孩子都有各自的优势和劣势，父母不能过于把注意力放在孩子的劣势上，要关注孩子的优势，扬长避短，帮助孩子发挥优势。

● 当孩子的劣势影响到孩子的优势发展时，父母有必要帮助孩子弥补一下劣势，以不影响孩子的优势发展。

## 8. 哪来那么多为什么——不要因怕麻烦而扼杀了孩子的好奇心

我的一位朋友有一个4岁的女儿甜甜，小姑娘很好问，被父母称为“问题篓子”，常常问得父母哑口无言，甚至让他们很尴尬。

有一次，我到这个朋友家做客，正巧遇见他的女儿缠住妈妈不停地问问题，问题五花八门，什么都有。

“为什么男人的头发短，女人的头发长?”“为什么树叶是绿的，花儿是红的?”“为什么白天有太阳而没有月亮，晚上有月亮而没有太阳?”

朋友的妻子回答了一个问题，女儿又冒出另一个问题。这时，我听到，她又问：“妈妈，为什么你的乳房那么大，爸爸的乳房却那么小呢?”

大概是朋友的妻子有些不耐烦了，也或许是女儿的这个问题让妈妈觉得尴尬——由于我这个异性在场，朋友的妻子就有些生气地呵斥女儿说：“哪来这么多为什么啊？去，看你的图画书去!”

甜甜不甘心，她继续问妈妈：“你告诉我，为什么我和爸爸的乳房这么小，妈妈的乳房这么大?”

“去，去，去，没有为什么。”朋友的妻子又一次不耐烦地斥责女儿，并用力推开赖在她怀里的女儿。

见状，我笑着对甜甜说：“甜甜是个好问的好孩子，因为你爸爸是男人，妈妈是女人，男人和女人的乳房是不一样的，你还小，等你长大成了女人，你的乳房就像妈妈的一样了。”我岔开话题，接着说：“来，甜甜，给叔叔跳个舞可以吗？你妈妈说你跳舞可好看了。”

或许我自然的神态和轻松的言谈化解了甜甜妈妈的尴尬，甜甜妈妈急忙附和着说：“对对，给叔叔跳个舞吧，甜甜跳舞可好看了。”

得到我们的夸奖和鼓励，甜甜果真大大方方地给我们跳起舞来。

孩子喜欢问问题，说明孩子对周围的世界很好奇。孩子的好奇心是非常可贵的，父母要保护孩子的好奇心，认真对待孩子的每个问题。

★★★★★

一位网友向我咨询，说她 4 岁的儿子总是将家里的一些物品拆开、“弄坏”，每天搞得家里乱七八糟，很多物品刚买回来就被儿子弄坏了。

这让妈妈非常头疼，她认为儿子“破坏物品”是不好的习惯，家里经济不富裕，她不忍心让儿子这么败家似的胡折腾。为此，每当儿子要“破坏”家里的某些物品时，妈妈就禁止儿子乱动、乱拆，甚至将很多物品“束之高阁”或锁起来，还生气地批评儿子。

“成老师，您说，我儿子这是不是一个坏习惯？我该怎么教育他不要破坏物品呢？”网友问我。

“这不是坏习惯，相反，您儿子的这种行为表现出了他非常好的品质，那就是好奇心和求知欲。孩子的行为是在探索周围的事物，他在研究这些物品的原理或道理。”我告诉这个网友。

“那我该怎么办呢？难道允许孩子这样乱拆乱卸？我们家可没那么多东西让他这么乱拆乱卸啊。”网友说。

想了一会儿，我回答说：“对孩子的这种行为，父母不要只是简单地阻止，而应给予孩子适当的引导。比如，您可以让孩子拆卸一些不太贵重的物品，比如小玩具之类，您可多买一些这样的小玩具让孩子进行探索和研究。对于比较贵重或不能破坏的物品，你们可与孩子一起拆装或研究，在拆装、研究的过程中告诉他怎样才不会将物品弄坏，顺便也可给孩子讲解如何爱护物品，讲解物品的有关基本结构等知识。”

父母眼里的孩子很多“破坏”行为，常常是孩子好奇心、求知欲强的表现，是孩子在对周围世界进行探索的表现。

父母要充分利用孩子对周围世界的好奇心，不可简单地阻止孩子的探索行为，而要引导孩子更好地对周围事物进行研究和探索。

★★★★★

一个雨后，我和桐桐到室外去呼吸新鲜的空气。在楼下的花园旁，桐桐发现有一些蚯蚓从土里钻了出来，爬到了小区的小路上。

桐桐很好奇，蹲下来，目不转睛地看着那些蚯蚓，并用手不断地试探着去摸它。

“爸爸，这些蚯蚓身体软软的，黏黏的。”桐桐大叫。

我也笑着蹲在桐桐的身边，好奇地观察起了蚯蚓。在不远处，我们发现，有一条蚯蚓不知怎么断成了两截，前后两段的身子都还在蠕动。

桐桐提出了很多问题：“为什么蚯蚓的身体这么软？”“这条蚯蚓的身体断成了两截，为什么它们都还动呢？难道它们都还活着吗？”“蚯蚓吃什么呢？它们在哪里生活？”

“是啊，为什么呢？桐桐自己能想出答案来吗？”我笑着说，并没有直接回答桐桐。

我带桐桐继续观察了附近的很多条蚯蚓，后来，我给她讲解了我所知道的蚯蚓的知识。

回到家，我又上网找了一些有关蚯蚓的资料和图片给桐桐看，并提出一些问题，引导她思考。就这样，关于蚯蚓的生活习性等知识，我和桐桐研究了很长时间。

孩子对某事物产生好奇，如果时机和条件允许，父母要引导孩子进行更深入的探索和研究，促使孩子不断思考，激发孩子的求知欲，培养孩子积极探索的精神。

## 成墨初给您的教养建议

● 父母要认真对待孩子的提问，用简单、正确、清晰、易理解的话解答孩子的问题，满足孩子的好奇心。

● 父母回答孩子的问题时，一定要有启发性，要引导孩子注意事物之间的联系，让孩子学会独立思考。

● 孩子因为好奇心强而问错了话、做了错事，父母要理解和原谅孩子，保护好孩子的好奇心。

## 9. 这有什么好伤心的——孩子性本善性本上，偶尔出格很正常

桐桐 3 岁的时候，一天中午，我帮妻子摘菜，桐桐也来凑热闹。虽然桐桐只是帮倒忙，但她依然热火朝天地帮我们干活。

这时候，我发现眼前的地板上有一只白蚁，桐桐恰巧也看见了，她大叫道："妈妈，快看，白蚁。"

桐桐正说着，我伸长了右腿，抬起脚，一脚踩死了白蚁。

这下，桐桐不高兴了，她看着不再动弹的白蚁，有些委屈地说："爸爸，它不动了呀？"

"嗯，我把它踩死了。"我说。

听说白蚁死了，桐桐生气地捶打着我。

"白蚁是害虫，我们院里的花就是它们把根给咬坏了才死的，我们得把它弄死。"我说。

桐桐依然不干，要哭的样子，看上去有些难过，我忙安慰她。

妻子看到桐桐的举动，有些生气地责备她说："一只白蚁，至于吗？这有什么好难过的？"

桐桐的表现让我沉默了，我突然意识到，这其实是她具有爱心的表现。

在孩子的世界里，每一个生命都有生存的权利，都是值得善待的，即使是一只小蚂蚁。所以我踩死了白蚁，桐桐这才很难过。

想到这里，我对桐桐说："对不起，桐桐，爸爸不该把白蚁踩死。"

对于弱小的生命，孩子原本都具有怜悯和慈爱之心，这是他们内心善的幼苗。我们不应把成人的善恶观念加到不谙世事的孩子身上，而应保护孩子内心这种善的幼苗。

★ ★ ★ ★ ★

有一次我带桐桐去公园玩，在地铁里，我发现有两个 30 多岁的农村

妇女打扮的人，她们两人各领着一个三四岁的孩子在行乞讨钱。

这几个大人和孩子都穿得脏兮兮、破破烂烂的，似乎昭示着他们家境的贫寒。

每走几步，两个妇女就把孩子推到自己跟前，而孩子则用可怜巴巴的声音对乘客说："好人有好报，您是好人，给点钱吧，我们没有钱吃饭了。"

两个孩子说的话都很流利、顺畅，对乞讨这件事似乎很有经验。但我猜测，这两个妇女十有八九是靠此行骗，她们用可怜的孩子做幌子，以唤起人们的同情。

桐桐看到后，对我说："爸爸，那两个小哥哥好可怜，我们给他们一点钱吧。"

几元钱是小事，我也不希望向桐桐过早地揭露这些社会的黑暗，她那样说，说明她对弱者有同情之心，说明她本性是善良的，我不想扼杀她的善心。

想到这里，我什么也没有说，而是从兜里掏出了两元钱的硬币，笑着递给桐桐，吩咐她给每个男孩一元钱。

桐桐认真地去做了，也得到了女人和孩子的感谢。女儿连连说："谢谢，谢谢好人。"

保护弱者，对弱者怀有同情和怜悯之心，这是父母需要教给孩子的一门课，是培养孩子善心的一个重要途径，父母要抓住这样的机会，让孩子的善心得到更好的培育。

★ ★ ★ ★ ★

丁丁的学习成绩不是很好，有一次，他考试考了92分，比上一次提高了6分，老师表扬了他的进步。

丁丁非常高兴，放学后，他一路飞奔跑回家告诉妈妈这个好消息。

但是，丁丁眼里的这个"好消息"对妈妈而言并不是好消息，因为妈妈曾要求丁丁至少要考到95分。

看到儿子的考试成绩，丁丁妈妈一脸不悦地批评儿子："这个成绩还值得炫耀啊？有本事你考个全班第一。我不是要求你至少考95分吗？怎么考这么点分呢？”

丁丁的兴奋被这盆冷水浇没了，先前的兴奋一扫而光，他沮丧地叹了口气，走开了。

当丁丁妈妈讲给我这件事的时候，我有些替丁丁感到悲哀，我对丁丁妈妈说：“您这么说太打击儿子了，您儿子不怨恨您才怪呢。”

“我这是恨铁不成钢，他成绩那么差，将来可怎么办啊？”丁丁妈妈有些担忧地说。

“孩子也希望自己这块铁能成钢，都有向上的心，如果父母总是怒其不争，孩子会受到打击，缺乏动力继续上进。我们要看到孩子向上、向善的心，并给予他鼓励，孩子才能更快地进步。”我说。

每个父母都望子成龙、望女成凤。其实，孩子也希望自己能成龙、成凤，希望成为父母眼中、其他人眼中的好孩子、优秀孩子，也都有一颗努力向上、向好的方向发展的上进心。

人之初，性本上。孩子都渴望进步，渴望得到认可和表扬。父母要做的，不是批评、指责、打击孩子，而是设法发现孩子的进步，给予孩子表扬和认可，激励孩子不断进步。

## 成墨初给您的教养建议

● 孩子有爱心，但因年龄小而不知道如何表达爱心。父母要引导孩子正确地帮助别人，培养孩子助人为乐的精神。

● 保护孩子的善心，更要让孩子学会自我保护。父母要教会孩子一定的防骗技巧，不能让孩子因行善而受到伤害。

● 积极向上是孩子的天性，父母要善于发现孩子的进步，有进步就表扬，没有进步就积极寻找孩子的闪光点进行表扬，让孩子在表扬中不断进步。

## 10. 你整天就知道玩——爱玩是孩子的天性，遏制让孩子最受伤

鲁鲁是我一个朋友的儿子，读小学二年级，他非常调皮，贪玩，不爱学习，这让他的父母很头疼。

鲁鲁的爸爸对儿子的学习很看重，他希望儿子以后能上重点中学、重点大学，希望儿子把更多的时间和精力用在学习上。为此，当鲁鲁完成学校老师布置的作业后，爸爸还会再给他布置一些学习任务，并给他报了几个课外辅导班，每个周末他都要上三个辅导班的课。

有很多次，我听到鲁鲁的爸爸对他说："不要整天瞎玩，放学后要先写作业，写完作业后再看辅导书。不要老看电视，不然成绩落后了，考重点中学、重点大学就会落空。"

爸爸的苦口婆心并没有让儿子更用功，反而使他产生了反感，并想着法子与爸爸对着干。

其实我知道，这个只有 7 岁的男孩并没有多少时间玩，他每天放学后被爸爸或妈妈接回家就要写作业，父母根本不允许他在外面玩。周末，鲁鲁更是被父母看得紧紧的，除了上辅导班就是做父母布置的作业。

我为朋友的孩子叫苦，因为孩子生性爱玩，殊不知玩会给孩子带来很多快乐。如果给孩子太多的学习任务，占用孩子太多的课余时间，压抑孩子爱玩这一天性，就会压抑孩子的潜能发挥，恐怕孩子在学习上也不会有好的效果。

★★★★★

我曾读过旅美教育家黄全愈所著的《孩子就是孩子——玩的教育在美国》，书中详细而深刻地阐述了玩对孩子各方面能力和素质发展的巨大影响。

美国比较关注孩子的玩，美国父母常对孩子说的话是"Have fun（玩得开心点）!"他们对孩子的玩没有什么限制，他们允许孩子每天玩四五个小时甚至更长的时间。

课余时间，美国父母从不给孩子"增负（布置额外的家庭作业）"，

美国孩子的家庭作业原本也不多，课堂以外的时间，都是孩子玩的时间，父母也允许孩子没有限制地“疯玩”。

但是，中国父母却大多不会允许孩子这么没有限制地“疯玩”，他们会以考学、就业竞争激烈为由，不断督促孩子学习。

学校贯彻国家教育要求为孩子“减负”，但很多父母却想法为孩子“增负”，他们不是给孩子布置家庭作业，就是给孩子报各种课余辅导班。

这样一来，孩子虽然在学校、课堂上的时间少了，但他们依然没有多少玩的时间，甚至玩的时间更多地被课外辅导、课外作业占用了。

“如果总是玩，考不上大学怎么办？找不到工作怎么办？”这是很多父母为孩子“增负”的理由。但牺牲孩子玩的时间，为孩子“增负”，不仅不会促进孩子的学业和各方面能力发展，反而会阻碍孩子的身心健康和学业进步。因为玩可以促使孩子发现自我，促使其情感发育、道德养成，促进孩子的身体和心理健康发展。

孩子的成绩优异与否不在于花多少时间去学习，重要的是，孩子是否对学习怀有浓厚的兴趣和较高的热情，能否有较高的学习效率和效果。

把玩的时间还给孩子，让孩子在心情舒畅、个性舒展的状态下玩好、学好，培养孩子对学习的兴趣和热情，孩子的成绩更容易提高。

★★★★★

虽然孩子从小学低年级开始，很多家长就争相为自己的孩子报各种辅导班，相互之间较着劲地为孩子考学“添砖加瓦”，孩子之间的竞争变成了家长之间的竞争。

我从不盲目跟风，对很多父母给孩子报各种辅导班、为孩子的学习忙这忙那的做法不屑一顾，甚至有些反感。我从不给桐桐布置额外的作业，也不给她报过多的课外辅导班。我希望她始终保持童心，有更多的时间玩。很多时候，我会鼓励她玩，并和她一起玩。

有时，桐桐的老师布置作业比较多，而且有些作业“没有多大意义”，如老师会要求孩子们每个生字抄写30遍，一道数学题做5遍，这种情况下，我甚至会帮助桐桐“偷工减料”。

我对桐桐说："如果你能保证上课好好听讲，把老师教过的知识都学会，会写、会做，我允许你作业不写那么多遍，给你更多的时间去玩。"

我不希望桐桐淹没在这些无意义的重复作业中，我希望天性好玩的她在小学阶段能快快乐乐地玩，希望她有更多的时间做自己喜欢的、自己感兴趣的事情。

或许，桐桐的老师有时会在心里责怪我不配合他们的教学，但鉴于桐桐一向乖巧懂事、成绩优异，其他方面表现都不错，老师也就不再计较什么。

### 成墨初给您的教养建议

- 父母要教会孩子劳逸结合，让孩子在学习的时候认真学习，在玩的时候痛快地玩，这样才能让孩子学得出色，玩得快乐。
- 不遏制孩子玩，也不能放纵孩子。父母对孩子的玩耍要有一定的限制，保证孩子不会因为玩而荒废学习。
- 父母要从玩中引导孩子学习，让孩子将对玩的兴趣转移到学习上，学习也会变得很有趣。

# Patr Three
## 给孩子他想要的，不要给孩子你想给的

父母总是习惯把自己想要的施加到孩子身上，却从来不考虑自己给的是不是孩子想要的，这种“爱”是自私的，在这种“爱”的背后深深隐藏的，是父母对孩子强烈的控制欲望。

### 1. 妈妈，请您尊重我——爱的起点是尊重

在一次聚会上，有几个年轻父母围在一起谈论起自己的孩子，还有两个 10 岁左右的孩子也守在自己的爸爸或妈妈跟前。我没有加入谈话，而是站在他们的背后，想听听他们在谈论些什么。

我听到，一位说话很直爽的妈妈谈起了自己的女儿，就是那个依靠在她身边的穿粉色连衣裙的小姑娘。

“你别看我女儿表面上文文静静的，看上去很礼貌，学习成绩也好。可她在家里懒得很呢，这么大了，自己的袜子、内裤从来不洗，扔得到处都是，弄得房间乱七八糟。”

女孩不好意思地低下头，像是犯了很大的错误。看到女孩难堪的表情，我希望她妈妈不要再说下去。

现场出现了几秒钟的沉默。之后，女孩的妈妈又继续说：“这孩子睡觉也不老实，四肢乱蹬，有时口水流得到处都是。”

这些话，女孩的妈妈是用自我解嘲的口吻说的，但是，她的话对女儿而言可能是一把刀，把女儿的自尊伤得体无完肤。

在别人面前揭孩子的短，是不尊重孩子的表现，父母要避免这一点。虽然那个女孩当时没有表达对妈妈这一做法的不满，但我想，她内心里

一定很怨恨妈妈。

尊重孩子，首先就要呵护孩子的人格尊严，不揭孩子的短，尤其不要在别人面前揭孩子的短，不要让孩子在别人面前出丑，不侮辱、嘲笑孩子。

· · · · · · · · · · · ★ ★ ★ ★ ★ · · · · · · · · · · ·

一位网友曾在QQ上跟我讲述了她的烦恼：因为她为女儿整理了一次房间，结果两人就爆发了激烈的争吵。

原来，网友的女儿读小学五年级，有一个属于自己的房间。妈妈有一天调休在家休息，趁女儿去上学的时间，帮女儿整理了房间、书桌和抽屉。

整理女儿房间的时候，妈妈发现女儿的书桌上很乱，书本、文具堆放得乱七八糟，上面还放着一些没有用的玩具，女儿的抽屉里也有好几本画册，是那种纯娱乐的漫画书。

当时妈妈自作主张地将女儿的那几本画册扔到了废纸堆里，将一些“很幼稚”的卡通图片也扔到垃圾筐里。而且，妈妈还将女儿桌上、抽屉里的书本、笔筒、本子等各种文具重新摆放，完全打乱了女儿原来的摆放顺序。

女儿放学回家后，发现自己的书桌大变样，自己的几件宝贝也被妈妈处理掉了。为此，她对妈妈大发脾气，与妈妈发生了激烈的争吵。

我能够理解女孩的愤怒，她的愤怒来源于妈妈随意处置了她的物品，侵犯了她的权利。

虽然孩子小，但他有自己的各种权利，孩子的物品只有孩子才有唯一的所有权、处置权，父母在处理孩子私有物品时要先征询孩子的意见，绝不要擅自做主处置孩子的物品，这是对孩子的一种尊重。

· · · · · · · · · · · ★ ★ ★ ★ ★ · · · · · · · · · · ·

有一天，我外出办完事回家，我发现小区旁边的超市外正在降价处理一些儿童服装和鞋帽，都是一些质量比较好的服装鞋帽，是因为那家超市服装要换季。

我突然想起昨天妻子说桐桐的鞋子有些小了，准备再给她买一双。

要不要给女儿买两双鞋子？我这样想着，走近了货摊，拿起一双漂亮的女童鞋看了看。的确是很漂亮的鞋子，桐桐会不会喜欢呢？

突然，我又想到，或许刚才我看的那双鞋子只是我自己认为好看，桐桐是否喜欢我不确定，这孩子虽然小，但很有自己的主见和判断事物的标准。

这样想着，我决定不再自己做主给桐桐买鞋子了。既然是桐桐要穿的鞋子，那就应该让她自己来挑选。放下鞋子，我回家了，想等桐桐放学回来，再带她去挑选鞋子。

不仅在穿着方面，在很多桐桐自己的事情上，我和妻子都尊重女儿的意见，尽量让她自己选择和决定。

即使不是桐桐自己的事情，是我或妻子或家里的什么事情，我们也会尽量征求桐桐的意见，我想，这是对她的一种尊重，一种公平。

成墨初给您的教养建议

● 父母不要当众揭孩子的短，要呵护孩子的人格尊严。

● 尊重孩子，把孩子当做是有独立人格的平等的个人，尊重孩子的所有权利。

● 尊重孩子的意见，让孩子自己来选择和决定自己的事情。

## 2. 你们不要吵了——为孩子营造和谐的家庭氛围

有一段时间，我遇到了很多问题和困难，由于工作忙碌，几乎没有时间和精力照顾家，冷落了妻子和女儿。

妻子一个人既要做家务，又要照顾还在上幼儿园的女儿，还要上班，工作上也很忙碌。

那段时间，我因为心情不好，跟妻子讲话时常常不能考虑她的感受，不能理解她对这个家的付出，这让妻子感到有些委屈。为此，我们俩常常吵架。

一次，桐桐睡觉之后，我和妻子又因为一些琐事在客厅里吵了起来。没想到，我们的争吵惊醒了桐桐，正当我和妻子各抒己见、设法为自己辩护的时候，不知何时，桐桐穿着睡衣、揉着惺忪的睡眼站在了我们身后。

桐桐看着我们，似乎有些惊恐，她可怜巴巴地对我们说："爸爸妈妈，你们不要吵架了，好吗?"

看到桐桐可怜巴巴的样子，我心里很愧疚，马上住了嘴，妻子也不再说话。

我的大脑飞快地旋转着，思考着该怎样跟桐桐解释刚才我和妻子的吵架。想了一会儿，我对桐桐说："桐桐，对不起，爸爸妈妈吵醒了你。爸爸这段时间比较忙，没顾得上你和妈妈，爸爸对不起你们，爸爸错了，刚才我不该那么大声地跟妈妈说话，现在爸爸妈妈和好了，以后我和妈妈再也不吵架了……"

接着，当着桐桐的面，我向妻子道了歉，并拥抱了妻子一下。

桐桐看到我与妻子和好了，很开心地笑了，跑过来抱住了我们俩。

孩子需要温馨和谐的家庭气氛，如果夫妻之间有矛盾，尽量不要当着孩子的面吵架，而要私下解决两人间的矛盾。

如果不巧让孩子看到了夫妻之间的争吵或矛盾，夫妻最好当着孩子的面解决矛盾，传达给孩子"家人之间有矛盾很正常，关键是要设法解决矛盾"的观念意识。

★ ★ ★ ★ ★

我曾看到过一期电视访谈节目，一对夫妻带着儿子正向心理专家咨询，他们希望专家能帮助儿子解决网瘾、逃课、学习成绩下降等问题。

这对夫妻是为孩子的问题进行咨询，可他们并不知道，孩子的问题是他们引起的。节目中的夫妻俩经常闹矛盾，最初两人是吵架，后来两人干脆就冷战，互不说话。但是，家里的有些事，还是需要他们互相交流的，但两个人谁也拉不开面子先开口讲话，谁也不肯先认错，只好让儿子在中间传话。

一开始，儿子还情愿给爸爸和妈妈传话，他心里希望父母早日和好，恢复以往那种温馨和谐的家庭氛围，毕竟都是他最亲、最爱他的两个人。可时间长了，爸爸妈妈还是不说话，还时常让儿子在中间传话。这个时候，儿子就有些厌倦了，父母始终不讲话让他感到很压抑，他渴望一家三口仍像以前那样有说有笑、快乐而温馨。

慢慢地，儿子感到这个家变得死气沉沉，没有了往日的活力和欢笑，他很不愿意回家，每天放学后都要在外玩很久，有时也去网吧。

就在那段时间，男孩迷上了网络游戏，有了网瘾的迹象，学习成绩也开始下降。这时，父母意识到了问题的严重性，开始着急了。

家庭的环境气氛对孩子有潜移默化的影响，孩子的问题往往是家庭气氛出现问题的一种征兆。在发现孩子的“问题”时，父母不要急于责怪孩子，不要急于解决孩子的问题，而要设法改善家庭环境，为孩子创造良好的成长环境。

············★★★★★············

曾有一位妈妈带着 11 岁的女儿来找我，希望我能帮她解决女儿的“性格问题”。

原来，这个读小学的女孩那段时间整日抑郁寡欢，没有了往日的开朗和活泼，似乎有什么心事，但女儿从不跟妈妈说心里话。妈妈以为女儿出了什么问题，所以来找我。

经过与女孩的单独交流，我了解了事情的原委，原来她的改变源于妈妈和奶奶的不和。

有一段时间，奶奶和他们住在一起，她妈妈自从和她爸爸结婚后，就与奶奶时不时闹矛盾。如今，女儿渐渐长大了、懂事了，婆媳两人的关系依然不好。在女儿面前，妈妈经常数落奶奶的缺点，奶奶也常在孙女面前说妈妈的不是。但是，妈妈很爱自己的女儿，奶奶也疼爱孙女，在女孩眼里，妈妈和奶奶都是她最亲、最爱的人，但如今妈妈和奶奶的紧张关系却让女孩不知所措。

女孩告诉我，奶奶和妈妈之间的紧张关系让她很为难，她不知道该站在谁的一边，这个问题让她常常茶饭不思、无心学习。

婆媳关系看似与孩子没有关系，但一个家庭所有的成员是一个整体，孩子就生活在这个整体之中，任何家庭成员之间出现矛盾或问题，都会对孩子造成直接或间接的影响。

为了孩子的健康成长，父母要设法维护好大家庭中各成员间的关系，努力把家庭建设成其乐融融的、有利于孩子身心健康成长的环境。

成墨初给您的教养建议

- 脏乱永远不会与和谐同步，父母要保证家庭环境是清洁的、安静的、有条理的，这样的环境是和谐家庭氛围的前提。
- 家庭成员之间要相互关爱，共同创造和睦温馨的家庭，让孩子感觉到家的温暖，感觉到家的吸引力。
- 和谐的家庭氛围需要共同维护。父母可以制定一个相关的规章制度来维护家庭秩序，约束家庭成员之间的行为。

## 3. 错了，改正就好——包容孩子的错误

有一天，妻子下班回家后，疲倦地倒在沙发上，看来是累了。

桐桐见状，赶忙拿起玻璃杯，跑到饮水机旁给妈妈倒水喝，这是那段时间她经常为我们做的事情。可是，桐桐接满了水，端着水杯往回走的时候，可能是没有抓紧杯子，结果杯子不小心掉到地上打碎了，水洒了一地，也洒到了桐桐身上。

妻子见此情景，有些生气，一边起身一边严厉地批评桐桐说：“你怎么搞的？这么不小心？说你不行吧，你还逞能。”

妻子拿来笤帚、簸箕和拖布，准备收拾被桐桐弄得满地狼藉的场面，一边收拾，一边还不时数落着桐桐。

桐桐受到妈妈的批评，看到碎了一地的玻璃和洒了一地的水，有些难过，有些害怕。她站在旁边不知所措，一动也不敢动。

从那天开始，有好长一段时间，桐桐不再为我们倒水，更不敢再给妈妈倒水喝。

孩子犯错时，父母的指责容易打击孩子的自信心和积极性，使其缺乏勇气再做相同的事情，因此父母要避免不加分析地指责孩子的过错。

孩子犯错是不可避免的，可以说，孩子是在不断犯错中长大的，这要求父母在生活中应懂得包容孩子的错误。

· · · · · · · · · · ★ ★ ★ ★ ★ · · · · · · · · · ·

我曾经在网上看到过这样一则小故事，讲述了一位智慧的妈妈巧妙处理女儿打碎盘子的事情。

这位妈妈当时正坐在客厅沙发上看杂志，她 7 岁的女儿在厨房里洗碗。洗碗是女儿主动要求的，妈妈也乐得自在，吃完饭就休息了。

正当妈妈专心看杂志的时候，她听到厨房里传出“哐当”一声巨响，就急忙跑到厨房去看个究竟。妈妈看到一地的碎片，那是她前两天刚买回来的新盘子，现在已经四分五裂。

见女儿一脸惊恐的样子，妈妈急忙笑着说：“碎碎平安，碎碎平安。”

妈妈的话和笑容化解了女儿的尴尬，女儿连忙蹲下来收拾地上的碎片。

趁女儿收拾碎片的时候，妈妈继续笑着说：“成功的妈妈来了。”

女儿抬头看着妈妈，她不明白妈妈的意思，用疑惑的眼神看着妈妈。

妈妈又一次笑了，她对女儿说：“不是说‘失败是成功之母’吗？这次打碎了盘子，没拿好，下次就有经验了，就知道怎么做了。”

女儿被妈妈的话逗乐了。

“我们来看，有油的盘子是不是很滑？要用洗洁精洗干净上面的油才不会滑。哇，这真是个好经验。”等女儿收拾好了碎片，妈妈又指着洗碗池里还没洗好的碗盘说。

女儿会意了，忙倒了一点洗洁精在盘子上，继续擦洗起来。

一件小事就这样被妈妈笑言化解了，女儿刚才打碎盘子的歉疚心情好多了，而且她从这件“事件”中学会了以后如何更好地做好这件事。

孩子犯错，父母不应只是严厉地斥责孩子，而要和孩子一起寻找正确地做好事情的方法，让孩子在错误中学习，错误中进步，鼓励孩子做得更好。

★★★★★

我一直教育桐桐要坦诚而勇敢地对待自己的错误，她还小，我希望她无论遇到什么事情都跟我们沟通，包括她犯了错误。

为了让桐桐做到这一点，我努力为她营造说真话的环境，营造没有障碍的沟通环境。更重要的是，无论桐桐说错了什么，做错了什么，我都试着去理解、接纳她。

有一次，桐桐的班主任给我打电话，说桐桐与一位同学发生了矛盾，而且是桐桐的错。不知什么原因，桐桐将那个同学的书摔到了地上，还踩了一脚。

桐桐回家后，我要求她跟我讲一讲在学校里发生的事情，这是我们之间经常对话的题目。刚开始，桐桐跟我讲了她上课如何积极回答老师的提问，课后如何帮助同学等事情。

等桐桐讲完了这些，我问她：“还有什么吗？比如不开心的事情、不好的消息，等等。”

“没……没有了。”桐桐支支吾吾地回答。

我希望桐桐能主动讲出自己的错误，我认为，勇敢地坦陈自己的错误是孩子需要面对的一个课题。

桐桐还是不说，我想了想，对她说：“桐桐，爸爸感谢你刚才跟我讲了那么多事情。不论好事情、坏事情，你都可以跟爸爸讲，无论你做了什么、说了什么，爸爸都能理解。”

我想，桐桐应该明白了我的言外之意。

沉默了好一会儿，桐桐对我说："爸爸，今天我犯了一个错误……"

"犯错误也没关系，每个人都会犯错误。你记不记得，爸爸曾经也误解过你？"

桐桐想了想，认真地跟我讲了她摔同学的书那件事情，并答应我明天去向那位同学道歉。

父母只有给孩子畅所欲言的机会，让孩子意识到犯错是正常的，孩子才不会在我们面前掩盖自己的错误，才不会撒谎，才会坦然面对自己的错误，并努力改正错误。

成墨初给您的教养建议

● 孩子犯了错误，父母用打骂的方式对待，会让孩子走入服从或反抗的极端，要温和地引导孩子，用道理说服孩子去改变。

● 错误也是学习的一种途径。父母要帮助孩子分析犯错的原因，并示范正确的做法，让孩子在错误中学到经验。

## 4. 我儿子性格太内向——接纳孩子的不完美

一天下午放学时间，我去接桐桐时，遇到了桐桐班一个男同学和他的妈妈陈女士。

陈女士对我抱怨说，她儿子太内向，不喜欢与人讲话，甚至跟熟人也不打招呼，缺少男孩子那种勇敢、活泼和调皮，受了"欺负"，他也不敢维护自己的"利益"，只是默默承受委屈。

陈女士说话的时候，她儿子往她的身后躲，似乎很怕见生人。

看得出，陈女士不喜欢儿子的这一点，见儿子往自己身后躲，她生气地把儿子拉到前面来，并皱着眉头说："躲什么躲？你又不是不认识成叔叔，别这么窝囊好不好？"

陈女士转而对我说："你瞧瞧，这孩子就这么气人，你说他长大了可怎么办啊？他真的很窝囊。唉！"

这个男孩可能在性格上属于偏内向的孩子，不太喜欢与人讲话。想到这里，我对陈女士说："每个孩子都有各自不同的性格，都有自己的不足和缺点，您儿子肯定有优点，不要总是抓住他这一缺点打击他。"

"可我就看不惯他这窝囊的样子，跟他爸爸一个性格。"陈女士依然抱怨说。

"我觉得，抱怨孩子的不足解决不了问题，您可以在儿子表现好的时候，表扬、鼓励他，相信他会越变越好。"

每个孩子各不相同，都有自己的优势，也都有自己的弱点。作为父母，我们首先要接纳孩子的弱点，通过鼓励等方式帮助孩子改善弱点，而不是一味地批评和指责孩子。

★★★★★

在我们小区里，有这样一位妈妈，她的儿子学习成绩总是落在班级的后面。妈妈很替儿子的未来担忧，于是她千方百计地帮儿子补课，想把儿子的成绩赶上去。

为了儿子的学习，妈妈花费了很多心血，她甚至放弃了好几次自己进修、晋升的好机会。但是，儿子的学习成绩始终进步不大，儿子的表现让她很无奈。

妈妈曾告诉我，在一次教儿子数学应用题时，看到儿子始终不开窍，她将内心的火一股脑地都发到了儿子身上，她多日积聚的情绪终于爆发了。她对着手足无措的儿子吼道："你怎么这么笨呢？你自己不聪明为什么不努力呢？你知道我要为你承受多大的压力吗？"

这位妈妈告诉我，那一刻，她儿子似乎吓傻了，一言不发。

事实上，妈妈不能接受儿子的不聪明，不能接受儿子较差的学习成绩，所以她对儿子的表现很恼火。她不愿在别人面前提起儿子，这一次，因为儿子已经"不可救药"，她才找到我，向我求助。

虽然我很少见到那个男孩，但我能想象出，他内心肯定也为自己很差的成绩而感到无助、彷徨。

我告诉这位妈妈，每个孩子都不完美，父母要接受孩子的这种不完美，激发孩子其他闪光点，帮助孩子克服弱点，激励孩子不断进步。

★★★★★

一次，我随我的一位朋友去医院看他的一个10岁的小女孩。

在医院里，我看到了让我非常感动的一幕，听到了一个让我觉得很温暖的故事。

这个女孩一直很喜欢跳舞，而且舞也跳得很不错，以前她曾代表学校参加过区、市及省的舞蹈比赛，并获过奖。妈妈以优秀的女儿为骄傲，并期待她能成为一名舞蹈家。但天有不测风云，女孩在一次车祸中腿部受了重伤，她能否完全康复、能否继续跳舞还是未知数。最初，这突如其来的事故让女孩和她的妈妈都难以接受。但不久，女孩和家人就开始接受了这一现实，并一起乐观地面对这一切。

那一天，在医院里，我听到女孩对她妈妈说："妈妈，对不起，我以后再也不能让你看我跳舞了……我不是一个好孩子，我以后再也不调皮了，再也不让你生气了……"

说这话的时候，女孩的眼泪不住地往下掉，女孩妈妈的眼泪也不住地往下掉，我的眼睛也湿润了，女孩的懂事让我心疼。

而接下来妈妈的话也让我感触很深，她说："不，你可以继续跳舞，只要你配合医生的治疗。其实，无论你什么样，无论你有什么缺点和不足，无论你犯过什么错，你都是妈妈的宝贝，都是妈妈眼里的天使，是让我骄傲的女儿，我也永远爱你……"

没有一个孩子是十全十美的。无论孩子有什么样的缺点和不足，父母都应该把孩子当做自己心中的宝贝和天使；无论孩子有什么样的缺点和不足，父母都不应削减对孩子的爱。

因为孩子的生命本身就是无价之宝，值得父母钟爱一生。

成墨初给您的教养建议

● 父母爱孩子，不仅要欣赏孩子的优点，也要坦然接受孩子的缺点，接纳孩子的不完美。

● 孩子的缺点和不足是正常的，父母不要总拿别的孩子的优点和自己孩子的缺点比较，这样孩子永远也达不到父母的要求。

● 父母要保持一颗平常心，把孩子当成和自己一样的普通人对待，从内心去赏识孩子的优点，接受孩子的缺点。

## 5. 再吵，妈妈就不要你了——爱孩子没有附加条件

有一天，我去一所中学给初一的学生做入学教育报告，报告结束后，一个男生的话让我感触颇深。

“成老师，我想问您一个问题。”他说。

“什么问题？你说吧。”

“这几天我特别不想回家，每天一到放学时我就害怕，您说我该怎么办？”

我心里一惊，不知道家为何会让这个男孩如此恐惧。

“你为什么不想回家呢？家里发生什么事情了？”我问他。

“因为我这次摸底考试成绩特别差，我爸爸妈妈还不知道我的成绩呢。”揉了一下鼻子，男孩继续说：“如果我爸爸妈妈知道了我的成绩，我就很难堪了。”

父母对男孩的学习成绩很看重，男孩成绩好时，父母待他就像上宾，对他总是笑脸相迎，给他做好吃的，给他买他想要的，尽可能满足他的一切要求。但是，如果男孩没考好，等待他的就是斥责和打骂，是疏远和嫌弃。

难怪男孩不想回家，父母对待儿子成绩的不同态度让他认为，他们只爱成绩好的他，而不爱成绩不好的他。所以，每次考不好，男孩就很恐惧回家，不敢面对父母，从小学到现在一直如此。

“你放学后不回家，去哪里呢?”我问这个可怜的孩子。

“去网吧跟网友聊天或者玩游戏，能拖多久是多久。”

我突然感到有一种悲哀，因为我们的教育。

父母不要以成绩好坏决定对待孩子的不同态度，成绩好坏并不是爱不爱孩子的理由，要让孩子知道，父母爱孩子是没有条件的。

★★★★★

小米是桐桐的一个好朋友，小米小时候很缺乏安全感，总担心妈妈不要她，所以经常黏着妈妈。

我认为小米的这种状况与妈妈的教养方式有很大关系。我知道，小米妈妈有一句口头禅，那就是女儿不听话时，妈妈就会说：“你再不听话，妈妈就不要你了。”

记得小米不到 3 岁，有一天，小米、雪莉、桐桐、丁丁等几个孩子在一起玩，我们这些孩子家长则在一旁谈话。

不一会儿，几个孩子吵闹起来了，小米和雪莉看起来要打架。小米妈妈和雪莉妈妈迅速走上前，了解了情况，小米妈妈就开始斥责女儿。

原来，小米看上了雪莉那只可以震动翅膀在地上跑的电动玩具小鸟，死活要抢过来玩，并嚷嚷着那小鸟是她的，这可惹恼了雪莉，于是两个孩子就吵闹起来。

我们几个大人也都来到了孩子们跟前，小米依然坚持自己说小鸟玩具是她的，她对妈妈的批评很恼火，甚至坐到了地上，要打滚。

小米的妈妈心烦，就吓唬女儿说：“你再闹，妈妈就不要你了。起来！你起不起来？要不起来，妈妈就不要你了。”同时，小米妈妈转身做出要走的样子。

见妈妈要走，小米急忙爬起来，跑上前抱住妈妈的腿，开始大声地哭起来。

“闭嘴！你再哭，妈妈就真的不要你了。”小米妈妈继续说。

我对小米妈妈使了个眼色，但她没有理会我。

小米慢慢止住了哭，说：“妈妈，我不要小鸟了，我不要小鸟了。”但我看得出，小米的情绪憋在了心里，想哭不敢哭，十分委屈。

当雪莉的妈妈好说歹说从女儿手里要来小鸟，递给小米要她玩一会儿的时候，小米推开雪莉妈妈的手，依然死死抱住妈妈的腿。

“再哭再闹，妈妈就不要你了”，这句话对一个不到 3 岁的孩子是致命的伤害，她会认为妈妈真的不要自己了，从而不能很好地建立起安全感。所以，当孩子不听话时，父母千万不要对孩子说这句话。

★★★★★

我家隔壁有一个 9 岁左右的男孩，很调皮，常常惹事。

一次，男孩在楼下玩，趁人不备，他拿起一根木棍，猫着腰走到前面那栋楼一楼住户的窗户下，将放在窗台上的一盆花拨拉下来，花盆碎了，里面的土散落开来，将花儿压在了下面。

偏巧，那户人家是得理不饶人的主儿，听到动静，主人急忙走出家门，就这个问题与男孩妈妈纠缠了很长时间，并直到男孩妈妈加倍赔钱才肯了事。

等那人走后，男孩的妈妈狠狠地批评了儿子，儿子嬉皮笑脸地跟妈妈套近乎，并笑着向妈妈道歉说：“妈妈，我错了。”

“别叫我妈，我没有你这样的儿子。”男孩的妈妈生气地说，说完，转身就要回家。

男孩以为妈妈开玩笑，就走上前，拉住妈妈的胳膊，又说：“妈妈，我真的知道错了。”

妈妈狠狠地甩开儿子的手，紧绷着脸说：“离我远点！你总这么惹事，不配做我的儿子。”看起来，男孩的妈妈很恼怒。

我听说，这个男孩每次犯错，妈妈总是如此愤怒，并将儿子推远，说出类似“你去给别人当儿子吧”这样的伤人的言语。

孩子难免犯错，但父母不要因此而拒绝对孩子的爱，不要因此用拒绝的语言或行为伤害孩子。

至于孩子所做的“恶作剧”或犯的错误，如果对别人造成了伤害，父母就让孩子自己承担责任，如果没有对人造成伤害，提醒孩子下次注意就可以了，不必将问题看得过于严重。

成墨初给您的教养建议

● 父母爱孩子，就要爱孩子的本身，而不是爱孩子外在的附着物，如成绩、能力、表现、奖项等。

● 父母要明确地让孩子知道，父母的爱是没有功利的，不管孩子的表现是好是差，父母都会永远爱他，给孩子安全感。

● 提倡爱孩子不要有附加条件，并不代表着要满足孩子的所有要求，爱孩子要理智。

## 6. 你是不是很伤心——接纳孩子的情绪和感受

桐桐有个同学叫浩哲，是个很要强的孩子，也是桐桐的好朋友。

一次，我去学校接桐桐时，碰巧遇到了浩哲的妈妈，就与她随意聊了起来。正说着话，我发现桐桐、浩哲还有另外两个孩子一起走出校门，他们一边走一边说着话。不知是什么原因，浩哲似乎有些不高兴。浩哲妈妈一问，得知，那一天，浩哲所在的小组输了足球比赛，而浩哲是组长。浩哲妈妈见儿子很沮丧，了解事情的缘由后，似乎有些不悦，她责怪儿子说：“耷拉个脸干什么？你总是这样，不就是一小小的足球赛吗？至于吗？以后别这么没出息，行不行啊？”

对成人而言，这的确是一次微不足道的球赛，失败了不值得如此伤心难过。但对年幼的孩子来说，这可能是一次很重要的比赛。

而且，我也了解到，浩哲经常受到父母的批评，所以他很想赢，很想获得别人的表扬和认可，哪怕只是一次小小的比赛。

孩子都有想赢的心理，希望自己事事成功，成为父母、老师、同学眼里的骄傲。所以，失败对孩子来说是一次心理的打击，此时父母不要否定孩子的失落情绪，而要理解和接纳孩子的这种情绪，并给孩子以鼓励和安慰。

★★★★★

桐桐有一次画画，她用了很长时间，画出了一幅“动物之家”的画，上面有很多动物，有些动物的神态、动作画得很逼真。

我和妻子都称赞桐桐画得好，桐桐自己也很自豪，很爱惜这幅画。

可是，桐桐画完以后，将画铺在桌子上准备再次欣赏时，她不小心将旁边的一杯牛奶碰倒了，杯子里的牛奶一部分洒在了桌子上，一部分洒在了桐桐的画上。顿时，被牛奶浸湿的画的一角成了五颜六色的一片，上面的动物形象受损。

见状，妻子急忙从床上拿来一卷卫生纸，撕了些卫生纸轻轻蘸吸桐桐画上的牛奶，可依旧没能挽救那张桐桐引以为豪的画作。

桐桐看着被弄得一团糟的画，很难过，她带着哭腔说：“爸爸，我的画……”

看到桐桐难过的样子，我拍了拍她的肩膀说：“画弄坏了，你是不是很伤心？”

桐桐点点头，我把她揽进了自己的怀里。

“你要想哭就哭一会儿吧，爸爸陪着你，爸爸知道你画这幅画很努力，费了很大的工夫。”

桐桐并没有哭，她偎在我怀里，不说话。我也不再说话，只是抱着她。

果然，过了一会儿，桐桐的情绪好些了，她挣脱开我的怀抱，对我说：“爸爸，我重新画一张。”

“嗯，重新画一张会画得更好。”我笑着说。

孩子遭遇挫折、不顺，心里大多会难过，会有一些不良情绪出来，这很正常。对此，父母不要斥责孩子不该有这种不良情绪，而要理解孩子的情绪，陪伴孩子一起经历这种情绪，等孩子的情绪缓解，再给孩子适当的鼓励和引导。

· · · · · · · · · · · · · ★★★★★ · · · · · · · · · · · · ·

下面是我看到过的一个电视剧片段，一个小女生在学校受了委屈，回到家后就向妈妈哭诉。

妈妈看不惯女儿哭哭啼啼的样子，她皱着眉，有些厌烦地看着女儿，斥责她说："有什么好哭的？同学冤枉你，你不会跟他解释吗？就知道哭，真没出息。"

女孩依旧哭，而且哭得更厉害了，似乎心里有很多委屈。

"还哭？我告诉你啊，人和人之间有误会很正常，同学误会你，你跟他解释清楚就可以了。遇到事情要想办法去解决，都是小学生了，不要动不动就哭鼻子……"

妈妈的"思想教育课"持续地进行着。这个时候，女孩停止哭，白了妈妈一眼，愤怒地站起身，转身进了自己的房间。

我能理解女孩的愤怒，她当时需要的是妈妈的理解和安慰，而不是一顿训斥和没完没了的思想教育。女孩的情绪没有被妈妈理解和接纳，妈妈的做法让委屈的她更加委屈，自然也无法接受妈妈的教导。

生活中，像上面这位妈妈的做法并不少见，孩子一遇到事情、一有委屈，父母就习惯于否定孩子的不良情绪，然后对孩子进行苦口婆心的教育，教导孩子该如何如何。但父母这种做法是不妥当的，不利于孩子情绪情感和个性的健康发展。

孩子遇到事情，父母先不要急于对孩子进行教育，不要急于给孩子讲道理，而要先倾听孩子的想法，感受孩子的感受，理解孩子的情绪，试着接纳孩子的情绪和感受，帮助孩子疏导不良的情绪。然后，再对孩子进行恰当的引导。

比如上面这个事例中的妈妈，可以先安慰女儿说："同学误解了你，你很委屈，妈妈能理解你，你跟妈妈说说到底是怎么回事？"引导女儿将事情的经过讲清楚后，再根据实际情况对女儿进行适当的引导。我相信，妈妈这样的做法会让女儿更容易接受。

成墨初给您的教养建议

● 孩子很容易为自己取得的一点成绩高兴，父母不要打击孩子的情绪，要和孩子一起感受喜悦，引导孩子向更好的成绩挑战。

● 在孩子情绪不佳时，父母要让孩子感受到父母对孩子的爱，可以陪孩子一起聊聊天，让孩子感觉有所依靠，情绪也能恢复平静。

● 当孩子有消极情绪时，父母可以带孩子一起参加娱乐活动，丰富孩子的精神世界，让孩子把注意力转移到积极的行动上。

### 7. 有烦恼就跟爸爸说——做孩子的知心朋友

桐桐虽然年龄小，但我始终把她当做与自己平等的人，尊重她的看法，并设法做她的知心朋友。这种知心朋友的关系，让我和桐桐之间的交流几乎没有障碍，也让我可以更全面地了解她。

有一次，桐桐告诉我，她做了一件“坏事”，将妈妈的一个漂亮发卡弄断了。妻子很喜欢那个发卡。桐桐怕妈妈生气，不敢告诉妈妈，将这件事悄悄告诉了我，并嘱咐我要替她保密。

对我来说，这是一件微不足道的小事，而且我相信，即使我告诉了妻子，她也不会介意。但在桐桐眼里，这是一件“大事”，所以她不敢告诉妈妈。

第二天早晨，妻子梳头发时，发现自己的发卡不见了，就问我：“你看到我的发卡了吗?”

我回答说：“不知道，你是不是忘在哪里了?”停顿了几秒钟，我接着说：“不就是一个发卡吗？再去买两个就是了。我看到附近商店里有很多漂亮发卡，换个更漂亮点的吧。”

听我这样说，妻子点了点头，没有再说什么，她找了个皮筋将头发束了起来。

我和妻子说话的时候，桐桐正站在旁边。听了我的话，她诡秘地冲着我做了一个鬼脸，我也冲她笑了。

做孩子的知心朋友，首先要赢得孩子的信任，让孩子信任自己，自己就要说到做到，不经孩子允许不出卖孩子的秘密，即使再微不足道的许诺或秘密，都要尊重孩子的要求。

★ ★ ★ ★ ★

桐桐有一次回家后，似乎有些不开心，我问她怎么了，她说没什么事，但她的表情告诉我，肯定有事。

晚饭时，我见桐桐依然没有笑容，这可不是整天都嘻嘻哈哈、很快乐的女儿。我心里疑惑，心想着该怎么帮助她，该为她做些什么。

饭后，我走进桐桐的房间，轻声问她：“桐桐，我发现你今天很不开心，是不是有什么心事？可以告诉爸爸吗？”

桐桐依然不说话。

我接着说：“你不想说也没关系，等你想说的时候再跟我说也可以。你要知道，爸爸永远是你的知心朋友，愿意分享你的快乐，分担你的烦恼。”

说完这些，我拍了拍桐桐的头：“我是你的好朋友，如果你有心里话、有什么烦恼想跟我说，我随时洗耳恭听，爸爸永远是你的好听众。”然后，我转身离开了桐桐的房间。

过了一会儿，桐桐果然走出房间，主动跟我讲了那天发生的一件“糗事”。

原来，桐桐那天给同学讲故事，因为没准备好，她没讲好，结果出了洋相，受到了同学的嘲笑，有同学甚至说她“根本不是讲故事的料”，这让桐桐很伤心。

听了桐桐的话，我认真地对她说：“爸爸理解你的苦恼。你知道吗？

桐桐，爸爸刚开始写作时，有人说爸爸写的根本不像样子，还说爸爸根本不是当作家的料。你看，现在爸爸不是有很多优秀作品吗？”

我的安慰让桐桐好受了些，听了我的话，她的脸上出现了笑容。

做孩子的知心朋友，父母就要懂得倾听孩子的内心，理解孩子的烦恼，分担孩子的烦恼，并帮助孩子战胜困难挫折、消除烦恼。

★★★★★

我有一个朋友，他儿子正在读初一。他们父子之间的关系很融洽，两人无话不谈，这让周围很多父母都很羡慕。

其实，从儿子很小的时候，爸爸就与他建立了良好的沟通模式，建立了平等的朋友关系。从儿子小时候开始，爸爸就懂得倾听他的心声，并始终理解他、支持他。不仅如此，爸爸也会向儿子敞开自己的心扉，向儿子坦诚地讲述自己的苦恼和快乐，把儿子当做自己的知心朋友。

父亲的这种做法，让儿子觉得自己被信任、被尊重，他认为这是父亲“很看得起自己”，就也对父亲这个大朋友始终“肝胆相照”，什么话都对他讲。

而且，我的朋友是个很有童心的父亲，喜欢和孩子一起玩闹，始终是儿子最好的玩伴，这也拉近了父子间的距离，融洽了双方的关系。

朋友和儿子都喜欢玩电子游戏，他一有时间就和儿子玩各种电脑网络游戏，每次都会玩得昏天黑地。

当然，朋友和儿子都是很有自控力的人，每次痛快地玩过之后，他会积极投入工作，而儿子也会积极地投入学习。这样，他们无论是玩还是学习和工作，效率都比较高。用儿子的话说，父亲是他的“铁杆朋友”，也是他的“铁杆玩友”。

做孩子的知心朋友并不难，那就是真正走进孩子的内心世界，与孩子一起感受苦恼和快乐，与孩子一起玩乐，努力成为孩子心灵的知己。

成墨初给您的教养建议

● 与孩子交朋友，做孩子的亲密玩伴，做孩子的知心朋友，会取得意想不到的教育效果。

● 经常与孩子交流，交流时，把话语权交给孩子，让孩子多说自己的感受，父母耐心倾听，适当给孩子一些建议。

● 想做孩子的知心朋友，父母必须放下架子，把孩子当成独立的个体，给孩子自己做出决定的权利和机会，和孩子平等相处。

## 8. 说说你是怎么想的——多和孩子交流谈心

和孩子多谈心，了解孩子真实的想法，这是很多父母容易忽视的。我们成人常常以自己的观点去解读孩子的行为，因而常常会误解孩子。

有一次，家里来了一个朋友。桐桐喜欢讲故事，我就要求她给朋友讲一个故事，并确信她能讲好。

可是，桐桐却讲得了无生趣，全然不像以前讲故事时那样生动活泼、活灵活现。我看得出，她那天很不用心，对客人不够礼貌。

对桐桐的表现我有些失望，觉得她的不礼貌丢了我的面子，朋友走后我就责问她："桐桐，你今天怎么回事？为什么不好好讲故事呢？"

听了我的话，桐桐不满地对我说："爸爸，你根本不知道我心里是怎么想的，只知道责怪我。"

我一怔，问桐桐："那你心里是怎么想的？跟我说说。"

桐桐撅着嘴，回答说："我根本不喜欢这个叔叔，今天我就不想讲故事，更不愿意给这个叔叔讲故事。"

原来桐桐有这样的想法，看来是我强迫她做了一件她不愿做的事情。

这件小事让我意识到，凡事要了解孩子的想法和意见，要与孩子交流，而不是凭主观意愿要求孩子去做事情，凭主观推测去评判孩子的行为。

★★★★★

我有一个朋友老严，他有个读小学的女儿。老严是一家大型出版社的总编，工作非常忙碌。

即便是工作很忙碌，老严每天回到家后都会抽出时间与女儿谈心、交流，询问女儿当天的生活、学习等情况，了解女儿的想法和愿望，了解女儿的苦恼和快乐。

有时，老严和女儿在家的时间不一致，比如他因为加班可能会很晚回家，当他回到家时女儿就已经睡了。

这时候，女儿会把自己的一些想法或想对爸爸说的话写下来，放在爸爸的桌上。老严回家后，就给女儿回复，向女儿表达他的想法和看法，跟女儿说一些心里话。

如果出差或因其他原因外出，老严会利用休息间隙通过电话、书信、电子邮件等方式与女儿交流看法和想法、说说心里话。

几个同事对老严和女儿的亲密关系很好奇，常拿老严开玩笑说："又跟你的'小情人'讲'情话'呢?"

老严每每也乐得同事如此开玩笑，回应说："是，我跟我前世的'小情人'每天都有很多话要说，工作再忙也不能冷落了'情人'，对不对?"

老严父女俩每天的这种交流习惯已经坚持了很长时间，与其他父女相比，他们能非常坦诚地交流，总能敞开心扉真诚地谈心。

看得出来，老严非常爱自己的女儿，他不仅是一位出色的职业人，更是一位优秀的父亲，这值得我们每一个做父母的学习。

★★★★★

父母与孩子间的交流应该是双向的，父母不要只要求孩子袒露自己的想法和感受，父母也要尽量跟孩子谈谈自己的喜怒哀乐、困惑或难题等，让孩子了解父母的想法和感受。

这样与孩子的坦诚交心，很多时候，会让我们从孩子身上受到教育和启发，也容易让孩子对父母敞开心扉。

有一段时间，我与一个朋友发生了矛盾，心情很糟糕。

那天，我回到家，烦躁地躺在了沙发上，一个人想心事。

桐桐看到后，走过来问我："爸爸，你怎么了，怎么不高兴啊？"

最初，我想支开桐桐，想一个人静一静。但看到桐桐纯净的眼神，我没忍心那么做。

虽然桐桐还只是个不谙世事的小学生，但我从没有"大人的事情小孩子别管"这种观念和想法。所以，听到桐桐关心的问话，我坐直身子，简单地向她说出了我的困惑和烦恼。

听了我的讲述，桐桐说："爸爸，你是因为那个叔叔很有能力，你和他有很好的合作条件，所以你不愿意放弃与他合作。但是你们意见不一致，所以你心烦，对不对？"

我惊讶于桐桐小小年纪看事情如此透彻，并将我的心脉摸得如此准确。听了她的话，我来了兴趣，鼓励她继续说下去。

"你们之间要重点解决第二个问题，就是你们之间的矛盾，我觉得你可以咨询第二人、第三人，看看谁说得更有道理，然后再和这个叔叔好好谈谈，怎么样？"桐桐建议我说。

桐桐的确给我提出了一个好点子。

这个时候，我笑了，刚才的郁闷一扫而光，不到10岁的女儿能为我宽心，并成了我的小参谋，为我出谋划策，我很开心，这也许是长久和她做知心朋友的结果吧。

## 成墨初给您的教养建议

● 和孩子交流谈心要掌握技巧，如注意说话的态度、语气、肢体语言等，让孩子感觉放松，愿意畅谈自己的想法。

● 孩子出现异常时，不要用自己的主观判断其中的原因，而是要和孩子进行交谈，了解其中的隐情，再决定下一步的教育。

● 当沟通出现问题时，父母可以选择用纸条和孩子进行沟通，这样就能及时解开各种误会，也能避免意见不合的尴尬。

## 9. 你对我们很重要——认可孩子的价值

虽然养育孩子很辛苦，但对父母来说，孩子也一定会给父母带来很多快乐和无限希望，孩子是父母遇到的最好的爱。

父母认可孩子的价值，并让孩子认识到自己存在的价值，会让亲子之间拥有更多快乐、希望和爱的感动。

每个父母视自己的孩子为掌上明珠，也会在孩子身上寄托无限的希望。但是，在日常生活中，父母的很多言行却没能让孩子感受到这一点，没能让孩子感受到自己存在的价值。比如，有些父母总看到孩子的缺点和不足，总是怀着恨铁不成钢的心态批评指责孩子，总是有意无意地透露对孩子达不到自己要求的不满甚至愤怒。

网络、报纸、电视新闻上常有一些小学生、中学生自杀的事件，让孩子们放弃生命的理由常常是学业压力太大，感到活着没意思、活着太累，对生活绝望等。

我想，这其中一个非常重要的原因，就是父母没能让孩子感受到自己活着的价值，所以孩子才会觉得活着没意思、活着太累，才会对生活绝望。

认可孩子的价值，让孩子感受到自己活着的价值，这是很多父母需要补上的重要一课。

为了提高桐桐的自我价值感，我时常会对她说："你的存在对爸爸妈妈很重要，你给我们带来很多快乐，让我们感到生活很美好，谢谢你。"

也许桐桐暂时还不能理解我的话中的深意，但我相信，这些话会让她认为自己真的很重要，会提高她对自我价值的认识。

★ ★ ★ ★ ★

我曾经在网上看到过这样一个事例：

有个男孩，非常调皮，不听父母的话，有很多行为问题，总是惹事。

有一次，这个男孩因没有完成作业、和同学打架，被老师批评，也被请了家长。妈妈非常生气地责骂儿子说："我养你这个儿子有什么用啊？你简直是个废物，只会给我添麻烦、让我操心……"

妈妈的话让儿子很伤心，儿子那天就写了一张字条放在家里的茶几上，赌气离家出走了。

男孩的信是这样写的："在你们眼里，我是个没有用的人，只会给你们带来麻烦，所以我走了，这样你们就轻松多了，别找我，你们好好过日子吧。"

看到儿子留下的字条，不见了儿子的踪影，此时，妈妈才后悔莫及。

在妈妈的眼里，她的儿子一无是处，所以妈妈对儿子常常有"恨铁不成钢"的愤怒。

其实，孩子的生命本身就具有无量的价值，即使孩子问题多，毛病不少，父母也要懂得尊重孩子生命的价值，不要因为孩子表现差就流露出对孩子的嫌弃和疏远。

有生命就有希望，有希望就有美好的前程，无论面临怎样的困境和绝境，对孩子更是如此。父母要怀着对孩子生命价值的高度尊重和认可，呵护希望，帮孩子创造美好的前程。

············★★★★★············

在一所小学，我参加一次座谈会后，一个五年级的男孩与我的对话让我很有感触。

这个男孩学习成绩比较差，但是他非常懂事，是个很孝顺的孩子。他对我说："我学习成绩这么差，觉得很对不起我的爸爸妈妈，他们为我付出了那么多，每天都那么辛苦，可我的成绩总是这么差，总让他们失望，我真没用。"

每个父母都对自己的孩子寄予了很高的期望，我觉得，这个男孩能说出这样的话，说明他能设身处地地体谅父母的感受，这一点非常可贵，父母应该感到欣慰。

不过，父母也应看到，他们的儿子自我价值感比较低，他很自卑，这会抑制他的潜能发挥，限制他的积极行动。

所以，对这个男孩的父母来说，重要的是，要发现孩子的优势，认可孩子的价值，帮助儿子看到自己的价值，帮儿子树立自尊和自信。

比如，父母可告诉儿子说："虽然你的成绩不好，但是你很善良，很孝顺长辈，是个非常懂事、礼貌的孩子，这是很多孩子都做不到的。而且，你在学业上很努力，你有很大的学习潜力，只是你可能还没有找到有效的学习方法，如果能找到有效的方法，你的学习成绩一定可以赶上来的。"

孩子在学习失败或遭遇其他失败时，会很无助，贬低自己的价值，甚至会自我否定。父母要多肯定孩子，帮助孩子认可自己的价值，帮孩子树立自信。

成墨初给您的教养建议

● 父母在帮孩子认识自身价值时，不要说一些大而空的话，而要用具体例子来传达你想要表达的意思。

● 身上缺点较多的孩子常看不到自己的价值，对自己产生失望感，父母要积极找出孩子的优点，通过强调优点让孩子变得自信。

● 父母可以经常请孩子帮些小忙，让孩子认识到父母是需要自己的。也可以鼓励孩子主动帮助别人，从别人对自己的需要上找到自己的价值。

## 10. 我怎么活得这么苦啊——教育孩子时不发泄自己的情绪

我曾看到过这样一个电视纪录片的片段，母亲批评儿子时说的话很有意思。

一对夫妻感情不和，妻子对丈夫充满怨气，常埋怨丈夫不顾家，不考虑她的需求和感受。

儿子在很多方面与丈夫很相像，说话的口气、表情、动作，甚至走路的步态，做事的举止和神态等，都仿佛与父亲是一个模子里刻出来的。

儿子有一次上网时间久了，妈妈很生气，就批评他，责怪他不该总是上网。可儿子不听，依然不离开电脑，妈妈就开始无休无止地数落他："你这孩子，总是这么不听话，你真是气死我了。你跟你爸一个德行，我伺候你们吃喝，伺候你们穿戴，伺候你们的生活，我多辛苦啊，可你们哪个理解我？哪个替我做过一次家务活？哪个说过一句体谅和感激我的话？我怎么活得这么苦啊？我罢工，以后我不做饭、不做家务了，你们爷俩爱怎么就怎么吧。"

这位妈妈批评儿子说的话显然严重"跑题"了。本来是批评儿子，她却连带丈夫也一起数落上了；本来是批评儿子上网，她却将与上网无关的事及陈年旧账都翻了出来。

这位妈妈的每一句话都带着情绪，带着强烈的谴责、埋怨和不满，显然，她在批评儿子时，更多的是在发泄自己的不良情绪。

这种批评教育方式除了把父母的坏情绪传染给孩子，增加孩子的坏心情之外，往往没有任何教育效果，反而会降低教育、批评的效果，引起孩子的反感，并可能会恶化亲子间的关系。父母要杜绝这种无效的教育方式，不要在教育孩子时发泄自己的情绪。

★ ★ ★ ★ ★

有这样一个很有意思的小故事：

丈夫因工作不力、业绩不好，在单位受到了上司的批评。工作受挫又受到批评的丈夫心里很窝火，但他不敢顶撞上司。

心情烦闷的丈夫回到家后，就对着全职在家的太太发起了火。

太太没缘由地遭到丈夫的一顿臭骂，很委屈，但她不敢给正在气头上的丈夫继续"拱火"，不愿得罪家里这个"顶梁柱"。

心里也窝了一肚子火的太太，看到儿子来到自己身边撒娇，就狠狠地斥责了他几句。

弱小的儿子无缘无故地受到妈妈的责骂，很委屈，就对正躺在旁边的小猫狠狠地踢了一脚。

小猫冷不丁挨了小主人的踢，它无力反抗，就喵喵叫着独自跑到了阳台上去。

上面这个小故事中父母和孩子的做法就是一种情绪转移，他们将自己在别处积累起来的消极情绪，转移到了比自己更弱小的人或动物身上。

这样的情景在家庭教育中也很常见，有些父母心里积累了某些不良情绪，但又找不到很好的发泄渠道，不能很好地处理这些情绪，就会借助孩子某一小小的“错误”或不足而发泄自己的情绪。比如，父母事业受挫或与同事闹了矛盾，但不便发泄这种不满和委屈。回家后发现孩子没及时写作业，父母就借此狠狠地批评孩子。在这种情况下，孩子不及时写作业只是引发父母不良情绪的一个引子，引发了父母在单位积累的不良情绪，而孩子不按时写作业这件小事或许并不能让父母产生如此强烈的情绪。

这种情绪转移的做法，最终会伤害孩子，孩子在某种程度上成了父母的出气筒，这对孩子是不公平的。在教育孩子时，父母要反思自己是否产生了情绪转移，尽力避免这种做法。

· · · · · · · · · · · · ★ ★ ★ ★ ★ · · · · · · · · · · · ·

在生活中，每个人都会产生各种各样的不良情绪，做父母的同样如此。我认为，在要对孩子发火前，父母应冷静地思考几分钟，平静一下自己的情绪，不要将自己身上与孩子无关的情绪转移到孩子身上。

有一次，桐桐要求我给她讲故事。当时，我正为一本自己很满意的书稿迟迟没有出版而焦头烂额，心情有些烦躁。

桐桐来打扰，我更心烦，就训斥了她几句，桐桐有些失落地离开了。发现了桐桐不快的表情，我突然意识到了自己的问题。

桐桐当时并没有做得很过分，她第一次要求我给她讲故事，我没有答应，她又撒娇提出第二次要求，并没有胡搅蛮缠。

这要是在平时，根本不会生气，只是那天我把在出版书稿问题上的火气撒到了桐桐身上，想来很愧疚，觉得自己深深地伤害了女儿。

想到这里，我真诚地对桐桐道歉说："对不起，刚才爸爸心情不好，不该对你发火。来，爸爸给你讲个故事，好吗？"

这次事件后，我得到了一个教训，那就是，每当自己想对孩子发火时，我要先问问自己几个问题：孩子眼前的"问题"值得我发火吗？我的情绪糟糕，是孩子的责任吗？而且，在每次对桐桐进行教育之前，我努力做到先平静自己的情绪，努力先处理好自己的某些情绪，做到在心情平和的状态下对她进行教育。

成墨初给您的教养建议

- 教育孩子前，父母要先感受一下自己的情绪，情绪不良就不要教育孩子。如果在教育孩子的过程中变得愤怒，也要先停下来。
- 父母要学习一些调节和控制情绪的方法，避免将不良情绪传染给孩子。
- 父母可以告诉孩子，当看到父母情绪不好时，不要打扰，尽量让父母静一静，这样可以有效避免因情绪失控而伤害到孩子。

## 11. 妈妈永远支持你——做孩子坚强的后盾

孩子在一生中，不可能一帆风顺，当孩子失败、失意的时候，父母要给孩子以精神的支持，给孩子继续前进的信心和勇气。

我的一位朋友，她女儿一次参加班干部竞选时落选了，女儿很失落。因为这个原因，女儿的几个好朋友也疏远了她，这让她更加痛苦。

女儿当副班长时得罪了一些同学，她喜欢对同学颐指气使，也有些傲慢。慢慢地，同学就越来越不服她管，她就越来越失去威信，这大概是同学不愿再支持她的原因吧。

妈妈了解了女儿的情况后，并没有责备她，也没有嫌弃她。妈妈开始帮助女儿分析竞选失败的原因，找到她问题的症结。

妈妈对女儿说："闺女，我投你一票。不过，这是你未来的一票啊。我知道你很想当班干部，这次落选，同学都不赞成你，你很难过。但我相信，只要你认识到自己的问题，努力改进、提高自己，以后更好地对待同学们，你最终还会得到同学们的认可和接纳。无论你做得怎么样，妈妈永远支持你，永远做你坚强的后盾，相信你会做得越来越好。"

孩子在失败、失意的时候，会很无助，此时孩子更需要父母的支持和鼓励，希望从父母那里得到力量和信心，父母要在这种关键时候给孩子以支持，而不是给孩子打击和嘲笑。

★★★★★

回想高考前夕，那时我有些紧张，也有些缺乏信心，特别需要在人生这一关键时刻得到父母的支持和鼓励。

由于我高中时住校，半个月才能回家一次。高考前，由于紧张的考前复习，我已经两个多月没回家了，非常想家。

那个时候，我觉得自己孤身一人离家在外，为了理想而拼搏真的很辛苦，有时很希望有人能给我一些精神上的支持。

让我惊喜的是，就在高考前不久，我果然收到了父亲的一封来信。

父亲平时言语很少，也从未给我写过信，这封来信是我上大学前他写给我的唯一的一封信，信上是这样写的：

吾儿：

你要高考了，我和你妈妈为你打气，希望你用心考试。我们知道你是懂事、用功的孩子，我们相信你的能力。无论你最后能否考上大学，你都是我们的好儿子，我和你妈妈永远支持你。

爸，妈

虽然这封信很短，但父亲真诚、朴实的话给了我莫大的勇气，让我能更从容地面对高考。虽然父母不在我身边，但我能在心里感受到他们对我坚定的支持和期望。

我反反复复看了这封信很多遍，而且在考前的几天里，我每天都会时不时地拿出这封信来看，从这封信中我获得了力量和信心。

在面临重大事件时，在人生的重要转折点，孩子更需要父母的支持、鼓励以及帮助。此时，父母要多在精神上给孩子以支持力量，陪伴孩子从容面对人生的困难与挫折。

★★★★★

桐桐几年前开始学古筝，当时，有很多孩子选择了学小提琴和钢琴，只有桐桐自己选择了学古筝。桐桐选择学古筝的原因很简单，就是她喜欢看老师弹古筝的样子。

妻子见报名学古筝的孩子少，就建议女儿说："你看很多小朋友都学小提琴和钢琴，你也学小提琴吧?"

我猜想，妻子可能担心古筝是"冷门"，担心女儿在学古筝的过程中缺少同伴。我虽然也有类似的担心，但既然女儿自己喜欢和坚持学古筝，我就决定支持女儿的选择，无论她在学古筝中遇到什么困难和问题，无论她学到什么程度，我都会支持她。

学了一段时间后，桐桐突然对古筝失去了兴趣，说什么都不再练了。是学古筝遇到困难了，还是枯燥的练习让她失去了兴趣，当时我不得而知。

最初，我和妻子也有些担心，担心桐桐遇到困难就放弃，会不会让她养成做事半途而废的坏习惯，所以就千方百计地督促她学古筝、练古筝，但桐桐并没有听从我们。

后来，我突然明白，当初桐桐学古筝，我们就是遵循她的兴趣，让她作为一种爱好来培养的，并没有想过一定要她学出个什么样。既然她对古筝不再有兴趣了，我们再强迫她也没用。

所以，我就告诉桐桐说："如果你实在不想学古筝了，我们支持你的决定。"后来，我们就再也没有要求她练习古筝。

让我们没想到的是，仅仅过了不到一个月，桐桐突然又要求学古筝，当然我们也同意了。

孩子的兴趣产生变化也是很正常的事情，重要的是，父母要支持孩子的做法和决定，尊重孩子的兴趣。

成墨初给您的教养建议

- 孩子遇到困难时父母有些紧张很正常，但不要把这种紧张传递给孩子。父母要学会放松，给孩子建议，支持孩子战胜困难。
- 父母向孩子表达自己支持的方式很多，可以通过语言告诉孩子，也可以用充满信任的眼神、一个鼓励的手势等暗示孩子。
- 在孩子感觉无助时，父母要更加关心孩子，让孩子明白无论到什么时候，父母都永远爱他、支持他，永远是孩子坚强的后盾。

## 12. 你这么做不对——不以成人的标准评判孩子

几年前，桐桐刚开始学画，一次，她先画了两条不相交的、弯弯曲曲的线条，然后在线条的外边点了几个点。接着，她像完成一项大工程似的，兴高采烈地拿着画要我和妻子看。

“爸爸，妈妈，你们看，我画了一个大大的香蕉。”那段时间，桐桐很喜欢吃香蕉，还常说要自己种香蕉，画自己种的香蕉。

桐桐嘴角带着微笑，目不转睛地看着我们，像是等待着我们给她这幅画一个嘉奖。

我拿起桐桐的画，说实话，我怎么看都不像一支香蕉，若说是一条宽窄不一、边上长着几朵小花或小草的小河，倒还能沾点边。

我没有说话，心里想着该怎样评价桐桐的这幅画。

在旁边看杂志的妻子也凑过来，拿过桐桐的画看了看，她问桐桐：“桐桐，你画的是什么啊？”

桐桐用两只胳膊比划着，歪着脑袋，回答说："我画的是一支大香蕉啊。"

"这怎么是香蕉呢？一点儿都不像香蕉啊。"妻子否认说。

"就是香蕉嘛。"看到自己的画被妈妈否定，桐桐急忙辩解。

"这根本就不是香蕉呀，香蕉不是这么画的。来，妈妈教你画香蕉。"妻子拿起了桐桐手中的笔，准备教她画香蕉。

这下，桐桐急了，她从妈妈手中夺过画笔，有些着急地说："我画的就是香蕉。"

见此情景，我忽然明白了什么，孩子的想象世界是丰富的，孩子的画也常常让成年人"摸不着头脑"，在成年人眼里，孩子简直就是在"胡抹乱画"。

但就是这样的"胡抹乱画"，孩子总能将毫不相干的几根线条组合成"有名有姓"的某种东西，只是成年人怎么看都觉得画得"不像"孩子说的那个东西。

这是我们成年人常犯的错误，我们总以自己的标准评价孩子的作品，比如绘画、写字、作文、手工，以成人的标准寻找孩子作品中的不足。这样，难免会抹杀孩子的成绩，会抹杀孩子的想象力和创造力。

想到这里，我用眼神制止了妻子，然后，我笑着对桐桐说："桐桐画的是香蕉啊，桐桐画的香蕉真特别，爸爸还从来没见过呢，来，你跟爸爸说，哪是香蕉的头和尾巴？"

听了我的话，桐桐开始绘声绘色地给我讲起了她画的"香蕉"。

★★★★★

与孩子做出的作品一样，对孩子做的某些事情，很多父母也常常以成人的标准和要求来衡量。

一位朋友曾给我讲过一件事，他5岁的儿子用一个价值300多元的游戏机跟另一个小朋友换了几张价值不足20元的奥特曼卡片。

儿子如此交换的理由是，他喜欢那个小朋友的奥特曼卡片，而那个小朋友也喜欢他的游戏机，于是两个人就交换了。

从朋友的角度来说，儿子的这次交换“亏大了”，这两样东西的价格相差200多元，那台游戏机是他出访日本时买回来的。他有点想不明白，儿子怎么这么傻呢？

他和妻子轮番教育儿子说：“你怎么能把那个游戏机跟小朋友换了呢？你要知道那个游戏机花了爸爸很多钱呢，你去跟小朋友换过来吧。”

可儿子就是不听父母的劝，不愿意与小朋友将游戏机交换回来，他似乎觉得这种交换很“值得”，这可气坏了朋友夫妻俩。

在幼儿中间，这种不平等的交换很多，在孩子眼里，物品的价值不是以钱的多少来决定，而是以自己对物品的喜欢或需要程度来决定的。

成人以自己对于价值的判断来评判孩子的行为，显然是误解了孩子，父母大可不必为此类事情对孩子进行严厉的批评。

★★★★★

一个周末，我回老家，妹妹和她的儿子端端正在我家。端端不到4岁，上幼儿园中班。

那一天，端端在妈妈的陪伴下做老师布置的算术作业，在他那本算术教材上，是一些动手剪纸、排数、数数、连数之类的寓教于乐的作业。

我母亲看了看外孙的作业，笑着说：“这作业还挺好玩的，来，端端，姥姥也陪着你做作业。”说着，母亲搬来一张凳子，坐在了端端的旁边。

作业中有一道题目是，将上面被圈起来的不同个数的图案（如三个小三角形，四个小正方形，五个小圆形等，这几个相同的图案都被圈在一个大圆圈里）剪下来，然后贴到书上当前页下边相同的数字旁。

这是一道训练幼儿数数的题目。

端端很认真地开始剪图案，由于他的小手还不太灵活，第一个图案他剪了好几分钟。刚刚剪下那个有四个小梯形的图案，他就放下剪刀，站了起来，跑到厨房里去东看看西看看。

“回来回来，你还没贴好呢。”我妹妹对端端喊道，一边起身追了过去。

端端在厨房里“游荡”了一会儿，返了回来，接着，他拿起刚才剪下的那个有四个梯形的图案，认真地数了数图形的个数，然后慢悠悠地贴在了数字“4”的旁边。

这样又贴了另外一个图案，端端又站了起来，跑到沙发边，拿起沙发上的一张广告纸来看。

“你怎么又跑了啊？去做作业啊。”我妹妹嗔怪儿子说，跑过去要将儿子拉回来。

母亲也批评外孙说：“你专心一点啊！来做作业吧，你看，多好玩的作业啊。”

相信，面对端端这样的举动，可能很多父母会评价为孩子“坐不住”、“不专心”。

事实上，孩子的注意力很容易转移，他们注意力集中的时间很短，不容易长时间从事一项比较抽象的、枯燥的活动，这个时候，孩子“坐不住”、“不专心”就很容易理解了。

孩子“坐不住”、“不专心”的表现其实是孩子的正常表现，如果成人以“不专心”的语言来评判孩子，否定孩子，实在是冤枉了孩子。

## 成墨初给您的教养建议

● 了解是教育的前提，父母可以通过阅读教子书籍，了解孩子身心发展的规律及成长节奏，避免因不了解孩子造成伤害孩子，贻误了教育。

● 没有任何一个标准是适用于每个人的，父母要根据孩子的特性，制定与孩子能力相符的标准，避免用过高的标准评判孩子。

## 13. 你这样，妈妈很难过——让孩子感受到你的爱

父母无怨无悔地为孩子辛苦地付出，而且也不想让孩子知道自己的辛苦，不希望孩子有任何压力。

我理解这些父母的做法。但是，我并不避讳对女儿桐桐谈我们养育她的辛苦，相反，我和妻子会寻找时机让桐桐了解我们养育她的辛苦。

我想，我们这样做，是不想让桐桐认为我们对她的爱是理所当然的，这样可以让她不仅学会接受别人的爱，更能学会如何去爱别人。

一个初秋的上午，我带桐桐去附近的公园玩。出门时，我只给桐桐带了一瓶水，我当时想，我们玩一会儿就回来，因为桐桐要午睡。

在公园里，正巧有几个孩子在玩打弹珠的游戏，桐桐也喜欢上了这种游戏，她从来没玩过这种游戏。经过与那几个孩子协商，桐桐也加入了他们的队伍。

我坐在旁边的一张木椅上看着他们玩。

孩子们玩了很久，太阳越来越大了，天气也越来越热。可孩子们都玩得不亦乐乎，个个都挥汗如雨，丝毫没有要停止的意思。

我觉得有些渴，也很想回家休息，因为那些天忙于工作常常睡眠不足。但看到桐桐玩得那么高兴，我不忍心阻止她。

我想去买一瓶矿泉水喝，但小卖部在公园门口，离这里太远，我坐的木椅已经完全暴露在了直射的阳光之下，我已热得汗流浃背。

又过了许久，孩子们才“收工”，桐桐满头大汗地跑过来，看起来很兴奋。

见桐桐跑来，我笑着对她说：“桐桐，为了等你，为了让你玩得高兴，爸爸很渴，也很困，很累……”

桐桐收敛了脸上的笑容，“哦”了一声，看了我好一会儿。

“不过，看你玩得那么高兴，爸爸再苦再累也没关系，因为爸爸爱你。”说完，我将桐桐揽入怀里。

桐桐看我有些疲倦且浑身是汗的样子，沉默了片刻，然后抬起手为

我擦了擦额头上的汗，然后说："爸爸，我去给您瓶买矿泉水吧。"

我应了一声，站起来和桐桐朝公园门口走去。

在照顾、养育女儿感觉疲劳的时候，我和妻子会很自然地告诉她，爸爸妈妈因为照顾她而付出的辛苦，并告诉她那是因为爸爸妈妈爱她，这样桐桐就能够理解我们的付出。

★★★★★

一次，桐桐感冒生病了，我带她去看医生。

在输液区陪桐桐输液时，旁边座位上是一对母女。输液的是个十一二岁的女孩，她不停地咳嗽，估计也感冒了。母女俩的对话引起了我的注意，她们的对话是围绕女儿这次感冒展开的。

原来，前两天天气转凉，女孩爱美，那天她没有听从母亲的话穿厚些的衣服，而是穿了一件很薄的连衣裙。

"让你穿厚点的衣服，你就是不听，你看感冒多受罪啊？你这孩子真让我操心。"妈妈不顾周围人的注视，不住地数落着女儿，那表情、那语气，充满了对女儿的埋怨。

女孩被当众数落，有些难堪，她很生气地说："你说够了没有？就知道凶我。每天都这么唠叨，烦不烦啊？"说完，她又开始咳嗽，接着她转过头，不理妈妈，一副很委屈的样子。

当然，妈妈的数落是因为心疼女儿的身体，可她的这种只顾埋怨女儿的做法并不能让女儿感受到自己的爱。

其实，在这件事情中，妈妈完全可以温和地说："妈妈那天坚持让你穿厚一些的衣服，是关心你，担心你生病。生病很难受，你生病妈妈也心疼。女孩子爱美可以理解，但爱美的前提是身体健康。你现在也体会到了生病难受的滋味，以后就会记住这次教训了。好好养病吧，很快就会好的。"

相信妈妈这样说，不仅可以让女儿感受到自己的爱，也更容易使女儿听从妈妈的教导，吸取教训。

在孩子做一件对自己可能有害的事情时，父母不要一味地责备和埋怨，而要把自己对孩子的担忧和关心表达出来，告诉孩子做这件事的不利后果。这样，孩子不仅能明白父母对自己的爱，也会明白该怎么去做。

★★★★★

向孩子明确表达自己的爱，是中国父母比较难以做到的，因为大多数中国人都很含蓄。

但父母不善于表达爱，有时会让孩子误解，如父母唠叨孩子、保护孩子很多、管束孩子很多，等等，相信这都是父母认为爱孩子的表现，但孩子常常并不将此理解为是爱。

这就表示，父母爱孩子的方式和孩子对父母爱的解读常常会有偏差。

一次午饭前，桐桐吃完一支雪糕后还要吃，妻子果断拒绝了她。但因为那天天气太热，桐桐非常想吃雪糕，就趁妻子不注意，偷偷从冰箱里拿出一根，跑到自己房间里吃了起来。

妻子做完饭发现桐桐在偷吃雪糕，就严厉地批评了她，并将她还没吃完的半支雪糕夺过来，放进了冰箱里。然后，妻子转身又去端饭。

桐桐的眼泪流下来了，我知道她很委屈，心里虽然责怪妻子对桐桐太严厉，但我没有说什么。

妻子离开后，我去安慰桐桐，桐桐哽咽着对我说："爸爸，妈妈是不是不爱我了？"

虽然我不太赞同妻子当时的做法，但我知道，要与妻子保持立场一致。

我笑了笑，对桐桐说："妈妈怎么会不爱你呢？正是因为太爱你了，怕影响你身体健康，所以才那样做的。饭前吃太多雪糕会吃坏肚子的，妈妈是担心你吃坏肚子才批评你。"

听我这样说，桐桐舒了一口气。

当孩子误解了父母爱的行为时，父母不妨明确地告诉孩子自己那样做的理由，向孩子清楚地表达自己的爱。

当然，有些父母或许并不知道自己什么样的行为会让孩子误解，对此，父母可经常问问孩子，问问孩子希望父母如何爱他，了解孩子的想法，相信会找到让孩子接受的爱的方式。

## 成墨初给您的教养建议

● 爱孩子，要让孩子快乐成长，也要让孩子看到父母为他的付出，这样孩子才能理解父母的爱，懂得感恩。

● 父母不要把爱埋藏在心底，用责备和埋怨代替爱，要让孩子感受到爱，爱孩子就要大声地说出来。

● 爱的方式不同，也会带来不同的效果。父母不要无限制地向孩子播撒自己的爱，而是要和孩子多交流沟通，用孩子能够接受的方式爱孩子。

# Part Four

## 拿捏好爱的原则和界限，让爱陪伴孩子健康成长

理智的爱是有原则和界限的。父母一味讨好孩子，或者替孩子包办一切，就会剥夺孩子独立成长的机会。要坚持爱的原则，有时需要父母狠下心来。

### 1. 别哭了，妈妈答应你——爱要有原则、有界限

两年前的一天，妹妹带着她的儿子端端到北京来玩，住在我家。

那天晚上，桐桐有了弟弟端端这个玩伴，非常兴奋，两个孩子在一起玩得不亦乐乎，一直玩了很久。

平时，我们要求桐桐晚上 9 点半之前上床睡觉，而且严格执行。可桐桐是个“人来疯”，那天已经到了 9 点半，她一直都不肯去睡觉，也不让端端去睡觉。我给桐桐摆事实、讲道理，拿走她的玩具，关掉电视，关掉客厅里的灯，送端端去睡觉。可桐桐依然不肯去睡，非要拉着弟弟一起玩，甚至大哭大闹。这样折腾到了快 10 点钟，两个孩子都还非常兴奋。

我心想：这些孩子平日太缺少玩伴了。但我又不想让桐桐破坏已定好的作息时间，更何况，桐桐这样还要影响比她小的弟弟睡觉。

妹妹见两个孩子玩得这么高兴，就说：“再让他们玩一会儿吧，反正桐桐明天也不用上学。”

妻子也附和着小姑子，说：“是啊，就让他们再玩一会儿吧。”

我说：“不行，已经很晚了。想让孩子养成好习惯，就不能时松时紧，要让孩子懂得守规矩。端端还小，更需要睡眠。再说，他们明天不

是还有时间玩吗?”

尽管桐桐和端端都不情愿去睡觉，我还是坚持让他们去睡觉。

孩子玩起来常常没有节制、缺少规矩，不顾周围人的感受和需求。对此，父母要坚持原则，不能总顺着孩子，而要让孩子该做什么就做什么。

★★★★★

一天晚上，我去一位朋友家。在和朋友谈话的时候，他3岁的儿子看到电视上一个孩子在玩水枪，是那种很普遍的玩具水枪。

朋友的儿子哭闹着要那种水枪，当时已是晚上8点多钟，朋友家附近没有玩具店，要去离家四五站路远的大超市或玩具店买才能买到玩具。

“宝贝，妈妈明天去给你买好不好?现在商店都已经关门了，买不到了。”朋友的妻子安慰儿子说。

“不，我现在就要，妈妈现在就去买。”儿子“命令”妈妈，他的语气不容商量。

妈妈又耐心地给儿子讲道理，可是儿子什么也不听。母子俩就这样僵持了很久，谁都不肯让步。为此，妈妈训斥了儿子几句，儿子开始大声哭起来，装腔作势地哭。

儿子一直哭了好几分钟，最后，妈妈看着儿子心疼了，就说:“别哭了，妈妈答应你，妈妈现在就去给你买。”说完，朋友的妻子站起身，准备打车去超市给儿子买水枪，让丈夫在家照看孩子。

见此情景，我就起身，准备告辞，朋友对他妻子说:“还是我去买吧，顺便送老成下楼去。”

得知朋友夫妻俩经常如此对待孩子，我曾就他们的做法委婉地提出自己的想法和建议，无奈朋友两口子并不觉得那是太大的问题。

要拒绝孩子，父母就要坚持原则到底，不要因为孩子的哭闹而心软。同样，答应孩子的事情，就要履行诺言，不能“说一套做一套”。

★★★★★

在对桐桐的教育中，我一直严格遵守教育的规则，孩子不能做的事情，我们从一开始就拒绝她，孩子的无理要求，我们从一开始就不答应她。

桐桐3岁时，有一段时间，我母亲在我家帮我们带孩子。

一次，桐桐看到电视上一个男孩让爷爷四肢着地在房间里向前爬，男孩骑在爷爷的背上，把爷爷当马骑。男孩不停地喊着“驾，驾”，爷爷不停地向前爬，祖孙俩玩得不亦乐乎。

当时，桐桐觉得男孩和爷爷那样做很好玩，她从来没和我们这样玩过。所以，桐桐就要求和奶奶一起做这个游戏，而且非奶奶不可。

当时，我母亲的腰腿不太好，再加上桐桐比较胖，我担心她们玩“骑马”会让母亲的腰腿受伤。见桐桐拉着奶奶要玩“骑马”，我严肃地对桐桐说：“桐桐，你不可以这么做。”听了我的话，桐桐撅起了嘴巴，有些不高兴。奶奶心疼孙女，就“大义凛然”地说：“没事，来吧，桐桐，奶奶给你当马骑。”我对母亲说：“不行，您不要惯着她。”我坚持自己的原则。

对于孩子不能做的事情，父母就要坚决不让孩子去做，且从一开始就拒绝孩子，孩子的无理要求也要从一开始就拒绝他，这样才可以让孩子形成良好的规则意识。

## 成墨初给您的教养建议

● 可以爱孩子，但不要惯孩子。父母要从自身做起，给孩子自己处理事情的机会，不要急于妥协或帮忙，鼓励孩子自己解决。

● 父母不要盲目地爱孩子，爱与严格要求必须相结合，可以给孩子制定一些规矩，让孩子遵守。

● 孩子在要求得不到满足时，容易用无理取闹来威胁父母。父母不要轻易妥协，要给孩子讲明原因，用道理说服孩子。

## 2. 你永远都不好——要用发展的眼光看孩子

在一所中学校门口，我曾与一个高中男孩进行过交流。他说自己到现在还不敢骑自行车，看着别的同学骑车那么灵活、那么威风，他很羡慕。

我好奇地问男孩："你为什么不敢骑自行车呢?"

听我这样问，男孩给我讲了这样一件事：

我 8 岁的时候，第一次开始学习双轮自行车。当我学骑自行车的时候，我妈妈在后面给我扶着自行车。

当时，我很胆小，动作也很笨拙，骑在车上，始终不敢让妈妈放手，妈妈一放手，我准会摔倒。即使妈妈扶着自行车，我也不敢骑，总是笨手笨脚的样子。

好几天，我一直在学自行车，但一直学不会，把我妈妈累得够呛。

最后，我妈妈似乎失去了耐心，她生气地对我说："你真是笨死了，我看你永远也学不会骑自行车，永远都骑不好。"

那时，妈妈的话对我打击很大，我也默认了自己永远都骑不好自行车。多年以后，我也不敢再学骑自行车。

直到我上了初中，我父母要求我骑自行车上学，我就再一次开始学骑自行车。我又用了将近一周才勉强学会骑自行车，但仍然不敢在人来车往的马路上骑，最后只得乘公交车上学。

现在，我对骑自行车充满了恐惧，在我内心深处，我一直认为自己驾驭不了小小的自行车。

因为儿子长时间学不会骑自行车，妈妈就判定他永远学不会骑车，这对于 8 岁儿童的自信和勇气具有很大的杀伤力。

这就是用一成不变的眼光看待孩子的不利后果，容易打击孩子的自信，挫伤孩子的勇气，压抑孩子的潜能，使孩子没有自信和勇气再去做相应的事情，自然也无法提高相应的能力。

父母要避免用定性语言给孩子的发展判"死刑"，而要用发展的眼光看孩子，相信孩子的能力会一点一点得到提高。

★★★★★

对于孩子的成长，父母要相信，永远没有“不可能”，每个孩子都有无限的潜能，都有潜力将“不可能”变为“可能”。

我认识一个8岁的小姑娘，她从小就喜欢跳舞。在她5岁的时候，妈妈给她报了一个课外舞蹈班。

当时，新来的舞蹈老师总觉得女孩学习舞蹈基本功差，嫌她动作死板、生硬。一次，老师悄悄对女孩的妈妈说：“我觉得您女儿不适合学跳舞，她没有舞蹈天赋，您不用那么费心。”

小女孩的妈妈想不明白舞蹈老师为什么会这么说，是她不喜欢自己的女儿，还是女儿确实不适合跳舞？

虽然最初还有些迷惑，但后来小女孩的妈妈觉得还是应该相信女儿的能力。

因为，妈妈觉得自己的女儿非常喜欢跳舞，虽然她的动作还不是很灵活，但妈妈相信孩子的潜力，相信通过兴趣、正确方法再加上勤学苦练，一定可以让女儿跳好舞蹈。

为了不让女儿再受这位老师负面评价的打击，妈妈让女儿退出了这个舞蹈班，并想方设法为女儿找到一位更好的舞蹈老师。

在女儿学习舞蹈的过程中，妈妈也一直利用业余时间研究舞蹈艺术，时常还和女儿一起切磋舞蹈动作。

每当女儿在舞蹈方面有了一点进步，妈妈就会表扬她，而当女儿反复练习也练不好一个动作时，妈妈就会鼓励她，告诉她一定能学会。

妈妈的支持和鼓励是女孩能持之以恒学舞蹈的动力，这种动力驱使她更用心地学习舞蹈。在女孩7岁时，她参加市少儿舞蹈大赛，获得了小学组二等奖。

可见，对孩子，即使所谓的权威宣布了某种不可能，父母也不要盲目相信权威，而要相信孩子的无限潜能，并设法挖掘孩子的潜能。

★★★★★

孩子总是一步步前进，一步步取得成功的，父母要相信，只要孩子持续努力，就一定会做得越来越好，即使当前孩子被老师认为是“没有天分”的人。

我有一位在某中学任班主任的朋友老齐，一年前，老齐的班上转来一位“问题学生”，据说这个孩子转过三次学，前几任带过他的老师都说他已经“无可救药”。

这个男孩生活在一个单亲家庭，早恋、吸烟、喝酒、逃学、上网、偷窃、打架、顶撞老师，等等，几乎青春期孩子身上有的问题在这个男孩身上都能看到。

就连男孩的父亲也说：“这孩子已经没什么前途了，将来他的归宿就是监狱。”父亲甚至都想放弃对这个孩子的教育了。

幸运的是，朋友老齐是一位对教育很热心、深谙孩子心理的老师，他相信这个男孩是可以转变好的，而且能成为优秀人才，他不相信这个孩子就这么“毁了”。

老齐先试着和这个男孩交朋友，试着走进他的内心世界，真诚地和他交心，了解他的喜好，了解他的苦乐。

老齐在这个男孩身上花费了很多心思和精力，也费了很多周折，他终于赢得了男孩的心。两个人慢慢成了朋友，而男孩也能够听从老齐的教导，逐步改变自己的坏毛病。

一年后，虽然男孩有些坏习惯还没改掉，但毕竟他的问题在逐渐减少，他在不断进步，不断向好的方向发展，这让他的父亲很惊喜，对儿子也增添了几许信心。

可见，即使是别人眼中“一身问题”、“不可救药”、“一无是处”的孩子，也绝对有变好、成才的可能，只要父母相信孩子，支持孩子，理智地爱孩子，孩子就会给我们一个奇迹。

成墨初给您的教养建议

● 父母首先要相信孩子，相信孩子有不断发展的潜能。只有在这样的信念支持下，父母对孩子的教育才能发挥最大功效。

● 父母要多观察孩子的言行举止，适时表扬和鼓励孩子，让孩子对自己树立自信，有更大的动力获得进步。

● 父母要尽最大努力帮助孩子开发自身的潜能，让孩子能够更快地发展。

## 3. 你就是个失败者——别给孩子贴上负面标签

有一天，我去楼下的小超市买几件生活用品。当时，顾客比较少，除了我，还有嘉嘉和他的妈妈来买东西。

嘉嘉母子是小区另一栋楼上的住户，由于经常到小超市来买东西，彼此之间以及与超市老板之间都比较熟，说话也就随便一些。

嘉嘉 7 岁，读小学二年级，看上去很机灵。

那一天，嘉嘉妈妈买了一袋洗衣粉和一袋盐。母子俩来到门口收款处，老板想考考嘉嘉，就说："嘉嘉，你妈买一袋洗衣粉 3.8 元，一袋盐 1.8 元，你算算一共多少钱？"

嘉嘉妈妈也转头对儿子说："对，你算算看要多少钱。"

嘉嘉绞尽脑汁地心算着，不知是由于紧张还是什么原因，已经过了好几分钟，嘉嘉还没有算出来。

"算出来没有？"妈妈问嘉嘉。我发现，嘉嘉似乎有些不好意思，他的脸红了。

嘉嘉妈妈对老板说："这孩子就是笨，他数学成绩一点都不好。"接着，她又转身对儿子说："你看看，这么简单的题目都算不出来，你真是个笨蛋。”

老板连忙说：“不笨不笨，我看嘉嘉很聪明。”

见此情景，我也插话说：“是啊，嘉嘉可能是因为太紧张了，所以还没有算出来呢。”

我了解到，嘉嘉妈妈经常骂孩子笨，也许是她“恨铁不成钢”的急迫心态使然吧。

如果孩子一时做不好事情，父母千万不要说孩子笨。孩子会被你们越说越笨，因为父母的这种负面评价对孩子有很强的心理暗示，孩子也会接受自己笨，从而放弃所有努力和尝试。

· · · · · · · · · · ★★★★★ · · · · · · · · · ·

我有一个远房亲戚，她女儿名叫囡囡，4岁，内向、敏感。

囡囡的妈妈想让女儿变得礼貌懂事、大方可爱，每次带囡囡外出，见到熟人，妈妈就忙吩咐她说：“快问阿姨好。”“快说叔叔好。”

有时候，囡囡会很听话地喊人、向人问好。但有时，囡囡没有及时喊人，快言快语的妈妈就会责备女儿说：“这孩子真不懂礼貌，让你叫人呢，怎么不叫？”

有一次，我到囡囡家去。见到我，妈妈就对囡囡说：“快说叔叔好”。可是，因为没有见过我，囡囡很害羞，不肯喊我，她还悄悄地躲到了妈妈身后。囡囡妈妈见状，叹口气说：“你看，这孩子越大越没礼貌，真不懂事，哎！”听了囡囡妈妈的话，我连忙对她说：“哪能这么说呢？囡囡其实很懂事，是不是？”说着，我微笑着蹲下来，伸出右手，握了握囡囡的小手。囡囡也冲着我笑了。

孩子不喊人肯定有原因，也许是她心理上还没有准备好，却被成人强迫去做这件事。

父母不要因为孩子几次不佳的行为表现，就给孩子否定的评价，甚至给孩子草率下结论，说孩子具有相应的“问题”。

假如父母依然这样做，要是孩子年龄小，他可能就也认为自己有这样的“问题”。如果孩子有了自己独立的思想和主见，他可能会因此与父母对着干，用自己的行动去证明父母的“断言”。

· · · · · · · · · · · ★ ★ ★ ★ ★ · · · · · · · · · · ·

当孩子自我否定时，父母不仅要给孩子揭下负面标签，还要给孩子换上正面标签。

桐桐从来没有参加过奥数班的培训，有一天，我碰巧看到一个朋友那里有一套小学二年级奥数题，觉得里面的题目很有意思，就想拿来考一考桐桐，看看她的数学思维能力。

这套题共有10道题目，有诸如鸡兔同笼、逆序推理、排座位等题目类型，有些题目是桐桐没有做过的。

回到家，我把试卷题目递给桐桐，对她说：“桐桐，这是一些二年级的奥数题，我觉得很好玩，你做做看，看能做对几道？”

桐桐正在看电视，听说是奥数题，她也兴致勃勃地想考考自己。

出于好奇，我也与桐桐一起做那些奥数题。

时间过去了很久，10道题目我做出了8道，有两个题目，我费了很大的工夫也做不出结果。而桐桐只做出了5道，其他几个题目，她绞尽脑汁也做不出来。

见此情景，桐桐有些灰心，她对我说：“爸爸，这些题目我怎么也算不出来，我是不是一个笨蛋啊？”说完，她将笔扔到桌上，神情很沮丧。

看到桐桐失意的样子，我急忙说：“桐桐，你并不笨，你都做出了几道题，怎么说自己是笨蛋呢？”

“那为什么我只做出这么几道题呢？我觉得自己笨死了。”桐桐说。

“不，你一点都不笨，这种奥数题你没有学过，也没有做过，其实这种题目很难的。你看，爸爸还有两道题怎么也做不出来，等你到了爸爸这么大的时候，说不定你能全部做出来呢。那你说爸爸是不是也是个大笨蛋呢？”我向桐桐解释。

在桐桐眼里，我这个爸爸无所不能、无所不知。

桐桐笑了，但还是有些不相信地看着我。

我继续对她说：“爸爸小时候一个奥数题都做不出来呢，你比爸爸那时聪明多了。”我极力寻找着激励桐桐的语言，希望能保护好她的信心。

经过我的解释，桐桐终于释怀地松了一口气。

### 成墨初给您的教养建议

● 多表扬孩子。父母不要说孩子笨，要多夸奖孩子聪明，孩子在父母夸奖的激励下会越来越优秀。

● 父母要给孩子积极的心理暗示。在孩子成绩不佳时，可以积极地暗示他："你只要努力学习，以后一定会取得好成绩的！"

● 父母给孩子贴上负面标签，是因为父母总喜欢拿孩子与别人比较，父母要抛弃盲目攀比的心理，进行纵向比较。

## 4. 我告诉你，这样做——为孩子指明前进的路

桐桐上二年级的时候，准备参加班里的学生干部竞选，并信心满满地说自己一定能当上班长。

可是，到了竞选开始的前几天，我发现桐桐似乎有心事，听她谈起班干部竞选的事，她好像没有刚开始时那么有信心了。

那天晚饭后，我问桐桐："桐桐，你参加班长竞选的事情准备得怎么样了？"

桐桐的神情有些黯然，她沉默了几秒钟，对我说："爸爸，我担心我选不上。"

"为什么？你不是很有信心的吗？"我疑惑地问。

桐桐看了看我，叹口气，说："我们班有参加竞选的同学和他们的家长给老师送礼了。爸爸，您说，老师是不是会选那些给她送礼的同学而不会选我啊？我是不是也要给老师买点礼物啊？"

学生及家长给老师送礼这样的事情我一直有耳闻，但没想到这样的

事情也会给年幼的桐桐带来烦恼。

我能猜得到，那些送礼的家长无非是希望老师多照顾一下自己的孩子，希望孩子有更多机会成为学生干部，听说优秀学生干部在升学时可以加分。

但这样的事情总让我心里很不是滋味：小学生就如此被不正之风所腐蚀，这对孩子的成长有什么好处？我不希望桐桐受这种风气的影响。

想到这里，我耐心地对桐桐说："我知道你很想当班长，但如果通过给老师送礼来获得这样的职位，这并不说明你有真本事。我希望你靠自己的实力赢得同学和老师对你的认可、支持，通过自己的努力获得你想要的东西才是真本事。"

桐桐认真地听着我说，最后，她长舒了一口气，笑着对我说："爸爸，我知道该怎么办了。谢谢爸爸！"

孩子在生活中，总难免会碰到一些让他困惑和迷茫的事情。此时，父母就要理智地帮助孩子分析情况，看清眼前的形势，帮助孩子找到正确的方向，行走在正确的道路上。

★★★★★

几年前，有一次，我下班回到家，发现才上幼儿园不久的桐桐一个人在客厅里看电视，电视机的声音开得很大，她还不时随着电视上的人物一边蹦蹦跳跳，一边大呼小叫。

不见妻子的踪影，我有些奇怪，就问桐桐："你妈妈呢？"

桐桐用手指了指卧室，看也不看我，继续跟着电视上的人物扭动。我从卧室虚掩着的门里，看到妻子正躺在床上休息，大概是累了吧。那些天，她为了桐桐入园的事情每天都跑前跑后，还要忙家务、上班。

我心想，桐桐这样大声吵闹，肯定会影响妻子休息。

我急忙把右手中指竖在自己的嘴唇边，对着桐桐"嘘"了一声。然后，我蹑手蹑脚地走到卧室门边，轻轻关上了卧室的门。

接着，我又将电视机声音调小，并轻手轻脚地走到桐桐身边，尽量压低声音，对她说："桐桐，妈妈在休息，你这么大声，一定会影响妈妈休息的。”

我一边给桐桐示范，一边给她讲解，当别人休息的时候，我们该如何说话，如何尽量不弄出大的动静和声音。

桐桐有些不好意思地看着我，似乎知道自己做错了。

某些场合下，孩子并不知道某些事情该不该做，或说话做事并不能考虑到别人的感受。父母最好能给孩子示范，让孩子明白什么情况下该怎么做，什么情况下不该怎么做。

★★★★★

有一位读者的儿子面临中考，正在为自己该选择哪一所高中就读而烦恼。

一所高中离家较近，父母可以方便照顾儿子，儿子每天可回家吃饭、住宿，竞争不太激烈，儿子有较强的竞争优势和自信，承受的压力会小一些，但这所学校教学质量稍差，升学率低。另一所高中离家较远，需要住宿，儿子得自己照顾自己。学校教学质量好，更注重学生的个性和潜能，但竞争很激烈，孩子压力也大。

儿子处在人生的十字路口，很迷茫，希望有人能够帮助他。但这位父亲希望儿子自己做主，自己选择自己未来的路。

他帮助儿子分析了他的个人情况，包括他的性格、生活能力，以及他的理想和价值观等，他让儿子自己比较两所学校的优劣，及两所学校对他的好处和坏处，让他自己考虑后做决定。

父子俩一起分析了两种选择的方方面面，父亲告诉儿子说：“现在，你清楚了自己想要什么，清楚了两所学校能够带给你什么，你就比较容易选择了吧?”

最后，有理想有抱负的儿子还是选择了那所离家较远的学校。

孩子的一生，会遇到很多十字路口，需要做出选择。在这些重要的人生转折点，父母要正确地指引孩子，帮助孩子找到前进的方向。

成墨初给您的教养建议

- 孩子年龄尚小，经验甚少，遇到各种问题和困难时，难免彷徨、迷茫。父母要培养孩子的分析和判断能力，帮助孩子找到正确的解决方法。
- 孩子因为无知而犯错时，父母不要批评责备孩子，而要给孩子讲明正确的方法，让孩子按照正确的方法做。
- 父母要帮助孩子分析情况，但不是替代孩子做决定。父母可以帮孩子分析利弊，但最终的决定权还是要交给孩子。

## 5. 好吧，妈妈听你的——你不必只是讨好孩子

一位外地的中学女孩曾给我写过一封信，信中向我讲述了她的苦恼。

我的妈妈是一位全职家庭主妇，她每天的工作就是照顾我和爸爸，但在我眼里，妈妈活得没有尊严。

妈妈很爱我，但我觉得她很没出息，她只会讨好我和爸爸，没有自己的主见，她事事都顺着我们。

有一次，爸爸不在家，我吃腻了妈妈做的饭，就想去外面吃，妈妈二话没说，就带着我去外面吃饭。

我们去了一家面馆，每人要了一份牛肉面。那面里只有两三块牛肉，没有菜，汤里飘着的油看上去很腻，我没有胃口吃。

面刚端上来不久，我就对妈妈说："我不想吃，我要回家吃！"

妈妈扒了几口面，抬头问我："面不好吃？好吧，妈妈听你的，我们回家吃。"

我一口面也没有吃，我们又回家了，妈妈做了两个简单的菜。

那一天，我很烦躁，突然有点鄙视妈妈这个样子，也很鄙视我自己，

因为我平时总是很任性地支使妈妈做这忙那。我讨厌这种状态，但我不知道该怎么做。

这个女孩的妈妈是一个只会讨好孩子的妈妈，但她的做法不仅没有得到女儿的理解，反而破坏了自己在女儿心目中的形象。

父母说话做事若只是讨好孩子，容易使父母得不到孩子的尊重，也容易让孩子目中无人。作为父母，一定要尊重孩子，也要尊重自己。

★★★★★

有一位网友向我咨询，她说自己的儿子每天为了写作业，经常向自己“讨好处”，她不知道如何改变儿子这一坏习惯。

原来，她的儿子刚上小学不久，不喜欢写作业，每次写作业，妈妈总要左催右催、软硬兼施。

为了让儿子好好写作业，妈妈想到了一个办法，就是许诺给儿子一些“奖励”或“好处”。如写完作业后允许看一个小时电视，好好写作业就奖励两块钱，认真写作业就奖励一个新文具盒。”

这样的方法最初很有效，每次她的儿子都会乖乖地完成作业。

后来，妈妈觉得这种办法不妥，不想再这么给儿子“好处”来要求他写作业，她常常直接命令儿子去写作业。可儿子却学会了讨价还价，如果没有奖励和好处，儿子就拒绝写作业。

为了让孩子达到自己的要求和目的，有些父母喜欢用钱或其他好处来讨好孩子，这会降低事情本身在孩子心目中的意义，不利于培养孩子正确的做事态度，父母要杜绝这种做法。

★★★★★

有一段时间，妻子因为比较忙，就经常让桐桐帮助她做些扫地、洗碗的家务活。

起初，桐桐对做家务有些新鲜感，很乐意做家务，但慢慢地，她似乎对此失去了兴趣。

一天晚上，妻子又让桐桐扫地，这一次，桐桐没有马上干活，而是妻子说：“又让我扫地啊，那你给我一元钱的劳务费，以后我每扫一次地，你都要给我一元钱，否则我不干。”

桐桐的要求让妻子很奇怪，心想这孩子做家务怎么还要劳务费？什么时候变得这么“拜金”？

妻子问女儿：“让你做家务，你怎么还要钱啊？”

桐桐振振有词地说：“妍妍做家务就有钱，她扫一次地，她妈妈给她一元钱，洗一次碗，给她一元钱，倒一次垃圾，给她五角钱……”

桐桐说的是楼下的邻居小女孩妍妍，妍妍妈妈经常用钱来“贿赂”和讨好女儿。

听了桐桐的话，妻子严肃地说：“做家务是我们每个人应尽的义务和责任，爸爸妈妈做家务要过劳务费吗？谁给过我们劳务费？”

桐桐没有回答，也没有反驳，像是在思考。

“我们不给你钱，是因为家务事也是你应该做的，毕竟你也是这个家里的一员啊。”我也插话说。

桐桐不再说话，去拿笤帚准备扫地。

对于孩子该做的分内事情，孩子自己的事情，父母绝不要用讨好的姿态要求孩子去做，更不要用物质激励孩子去做，而应该让孩子认识到这些事都是他自己的责任。

## 成墨初给您的教养建议

● 父母要尊重自己。父母有自己的尊严和人格，不能为了讨好孩子，放弃自己的尊严，这样做只会被孩子看不起。

● 在要求孩子学习时，父母要让孩子明白学习的意义，培养孩子正确的态度，而不是用物质奖励吸引孩子学习。

● 父母不要纵容孩子的任性。孩子一任性，父母就妥协，这样只会让孩子感觉父母的软弱，父母必须和孩子保持平等的关系。

## 6. 绝对不能这么做——爱应严格要求孩子

有一次，桐桐因为想着要看动画片，写作业的时候马马虎虎，字迹很潦草，还不断写出错别字，如她把“校”写成了“木交”两个字，有几个字根本看不出是写的什么字。

看到桐桐写得“乱七八糟”的作业，我要求她重新写一遍，并要求她写完后再看动画片。

桐桐拒绝重写，她很不服气地对我说：“我不重写。马虎一点有什么关系？爸爸不要这么苛刻好不好？我同学写的字比我写的潦草多了。”

我认真而严肃地对桐桐说：“你这是什么道理啊？假如你以后当了医生，开处方时把病人‘切除食指’马虎地写成‘切除十指’，把病人的十个手指头都给切掉了，那得给病人多大痛苦啊？”

我在纸上写下了“食”和“十”两个字，并用两手给桐桐比划着，给她讲解着马虎的危害。

“不论干什么，我们都不能有半点马虎，要严格要求自己。如果爸爸写书稿时马马虎虎写了一个错别字，若是1000个不认识这个字的人学了这个错别字，那该多么糟糕。”我继续说。

桐桐低头摆弄着橡皮，听着我讲，她不说话，撅着嘴巴。一会儿，她抬头看看表，马上就要到了动画片开演的时间了，估计她心里还惦记着那动画片吧。

我也抬头看看表，然后转头对她说：“我知道你想看电视，但是你必须认真重写一遍作业，什么时候写完就什么时候看电视，这件事没商量，你认真写，写得快，就能早一点看电视。”

见我毫不妥协，桐桐只得“投降”，乖乖地重写作业。

对于孩子的学习习惯、学习态度养成，父母一定要严格要求，从一开始就要孩子做到认真、细致，不能有丝毫马虎。

★ ★ ★ ★ ★

有一天，我们一家三口和朋友一家共6个人一起去公园郊游。

在公园的某处，放置着一座建筑用的高铁架子，旁边竖立着一块写有“禁止攀登”的木牌子。

朋友 11 岁的儿子君君对这座高架子很好奇，他想爬上去看看。但是君君的妈妈不允许，她坚决地拒绝了儿子的要求。

君君软磨硬泡，想让妈妈答应自己的要求，他说：“这里没有别人，我偷偷爬上去就下来。这个铁架子很结实，不会有危险的。”

我也看得出，铁架子确实很结实，而且周围也确实没有别人，除了我们 6 个人，谁也不会知道。

“不行。出门在外就得遵守规定，不然，要是出了事，不仅会给自己带来麻烦，也会给工作人员带来很大麻烦，知道吗？这件事坚决不能做。”君君妈妈坚持自己的态度。

我很赞同君君妈妈的这种做法，无论在哪里，只要有儿子在场，她都会要求儿子严格遵守规定和规则，当然，她自己也会严格遵守。比如，过马路的时候，红灯时即使没有车辆，她也从不会带儿子闯红灯。

对于年幼的孩子，父母给他树立严格的做人做事的规则或规矩是必要的，该做的就要让孩子认真去做，不该做的就坚决不要去做，尽量不给孩子模棱两可的做事要求和态度。

★★★★★

一次，在小区广场上乘凉时，我听到一位老大妈讲述了一个很有趣的故事：

一天，老大妈买菜回来，在自己家楼下朝家的方向走时，不巧被人从楼上用饮料泼了一身。她恼怒地抬头看，发现二楼的男孩从阳台上迅速转身回屋了，而且男孩一脸的坏笑。

老大妈明白了一切，扯着嗓子冲着楼上大喊起来：“你这孩子咋这么坏啊？怎么往我身上倒饮料呢？”

一会儿，那个男孩的妈妈出现在阳台上，她询问老大妈是怎么回事。老大妈很生气地对她说：“怎么回事？你看看我身上，这是你儿子干的好事，你孩子也太没教养了吧。”

男孩的妈妈听说此事后就对老大妈说："大妈，您稍等一下。"很快，男孩被妈妈拽着来到了楼下。

"快给奶奶道歉。"妈妈严肃地命令儿子。

男孩嗫嚅着小声地给奶奶说了声对不起。

"为了惩罚你，让你认识错误，你帮奶奶把菜拎回家，帮奶奶把衣服洗干净!"妈妈严厉地对儿子说。

听男孩的妈妈这么说，老大妈反而不好意思了，她马上笑着说："不用了，孩子知道错了就行了。"

"不行，得让他自己承担他做了错事的后果，让他去做，我来监督他。"男孩妈妈坚持说。

无论老大妈怎么推辞，妈妈都坚持让儿子帮她拎菜、洗衣服。

后来，男孩一家和老大妈成了很好的朋友，男孩也变得懂事了，有时，碰见奶奶买菜回来，他会主动帮奶奶把菜送上她三楼的家。

孩子做错了事，伤害了他人，父母也要严格要求孩子，让孩子去承担错误的后果，不要因为别人的宽恕或求情而放弃对孩子的严格要求。

## 成墨初给您的教养建议

● 要真正做到严格要求孩子，父母必须要狠下心来，绝不能因为心疼孩子而一时心软，也不能因孩子求饶就放弃对孩子的严格要求。

● 父母可以针对孩子的行为制定出各种规矩，让孩子从小就遵守，并对孩子进行严格监督。

● 当孩子犯了错误，父母要让孩子接受惩罚，不要代孩子受过，要让孩子学会担负责任。

## 7. 按你自己的想法去做——爱要让孩子成为他自己

在我的老家，有一个男孩叫路新，读小学五年级，他有一个大他8岁的表哥。路新的表哥非常优秀，曾是我们地区的高考状元，现在是北京大学的学生。

路新的妈妈对儿子要求很高，希望他也像表哥一样有着光明的前程，希望他考入北京大学或者国外更好的大学，成为一名重点大学的学生。

为此，路新妈妈常常拿表哥作为标杆来要求他，要他像表哥那样制订严格的学习计划，学习表哥那样在家里成立小理化实验室，给他报表哥曾经上过的辅导班，使用表哥留下的学习资料，甚至模仿表哥每周也打三次球。

在教育路新时，妈妈动不动就说表哥如何优秀，时时处处要求他学习表哥。

可是，路新并不喜欢妈妈这样的安排，他不喜欢什么都学习表哥，他喜欢武术，所以很反感妈妈的安排，甚至有些怨恨表哥。

为了争取自己的“权益”，路新时常与妈妈对抗，与妈妈闹矛盾，他拒绝上辅导班，拒绝使用表哥的学习资料，甚至偷偷撕毁学习资料。

尽管路新的妈妈用了很多办法，可路新在学习上始终没有表哥那么用心，学习成绩也一般，这可愁坏了妈妈，她每天苦口婆心地教育儿子，甚至搬来表哥对他“现身说法”。

可这一切非但没有奏效，反而让路新产生了厌学的情绪，并使他对妈妈和表哥都充满了怨恨。

每个孩子都是不同的，父母不要盲目给孩子树立标竿，不要苛刻地要求孩子模仿榜样，要让孩子做孩子自己喜欢的事情，让孩子做最好的自己。

★★★★★

我陪桐桐在一家游乐场玩。看桐桐玩蹦蹦床时，我发现自己身旁有一个小女孩，她的妈妈正坐在身后的长条椅上。女孩眼巴巴地看着蹦蹦床上的孩子们欢快地蹦跳，似乎也很想上去玩。

我很好奇，半蹲着身子问她："小朋友，你为什么不去玩蹦蹦床啊？"

女孩转身看了看妈妈，又看了看我，犹疑了一下，怯怯地说："我妈妈不让我玩。"

我很奇怪，为什么妈妈不让女儿去玩蹦蹦床呢？

妈妈正巧听到了我们的对话，她抬头看看我，笑了笑，说："上面的孩子太多，我怕他们撞到我女儿，再说，蹦蹦床又有什么意思呢？"

这个小女孩并不比那些玩蹦蹦床的孩子小多少，她妈妈是否有点多虑了呢？而且，简单的蹦跳对成人来说可能没意思，但可能会给孩子带来无尽的快乐。女孩的眼神分明让我感到，她是多么渴望像其他孩子一样无拘无束地玩啊。

片刻的沉默之后，我又开口对女孩的妈妈说："您女儿看上去很听您的话。"

妈妈又笑了，像炫耀自己的"教育成果"似的对我说："是啊，我闺女可听话了，她一点也不让我操心，我让她做什么她就做什么。"

爱玩是孩子天性，即使简单的玩耍也可能给孩子带来无穷的快乐。父母若总是根据自己的观点和喜好安排孩子的玩，总是用自己的标准限制孩子玩，孩子将会完全失去自己。

★★★★★

我想起了曾经看过的一期电视节目，说有个初中孩子非常喜欢跳街舞，立志要把跳街舞作为职业，并且要退学专心学习街舞。

大多数父母听说孩子在中学退学去学街舞，肯定会认为孩子不务正业，当然不会同意孩子退学。

但这个男孩的父亲没有这样做，他的高明之处在于，他努力去理解儿子的追求，并尊重儿子的选择。

他对儿子说："既然你都已经想好了，就按你自己的想法去做吧，虽然我不太同意你退学，但我还是愿意支持你。"

儿子真的从学校退了学，并专门去学习街舞。不过，父亲有一点要求，即使学习街舞，也不能放弃文化知识的学习，而且学习街舞要好好学，不能半途而废。

让父亲欣慰的是，儿子在街舞方面取得了一定的成绩，他多次带队参加街舞比赛并获奖，后来自己还办了一个街舞培训班。

当然，我并不建议孩子想退学就让他退学，因为父母和父母不一样，孩子和孩子不一样，孩子的成长环境也不一样，要考虑孩子自身的实际实施教育。

但有一点很重要：父母要了解孩子的特点，了解孩子的意愿，尽可能尊重孩子的个性特点，按照孩子的意愿进行教育，而不要仅凭自己的意愿去塑造孩子。

成墨初给您的教养建议

- 爱孩子，就要尊重孩子的意愿，让孩子按照自己的意愿做事，而不是把父母的主观意愿强加给孩子。
- 发现并接纳孩子的独特之处，不模仿别人的教育，按照孩子的特性教育孩子，把孩子培养成一个独特的人。
- 孩子有各自的学习习惯和方法，别人行之有效的方法，对自己的孩子来说未必同样有效，父母要尊重孩子自己的学习习惯。

## 8. 你做不好，我来帮你——放手，让孩子独立成长

有一段时间，我乘公交车去上班时，经常会看到一对母子——一位年轻的妈妈和一个 10 岁左右的儿子，妈妈每天送儿子去上学。

几乎每一天，妈妈帮儿子背书包，拿其他物品，而儿子总是两手空空地跟着妈妈走。一路上，妈妈对儿子的照顾“无微不至”。妈妈发现儿子的帽子戴歪了，就帮他正一正，发现儿子的衣服纽扣或鞋带开了，妈

妈就给他系好。

这个男孩经常在车上吃早餐，儿子的早餐也是由妈妈“服务到口”的：给他剥好茶叶蛋或水煮蛋，给他拿着汉堡包一口一口地喂到他嘴里，给他拧水壶盖喂他喝水，用纸巾给他擦嘴巴……妈妈完全像是对待一个婴幼儿那样照顾着儿子。

一次，男孩想自己剥茶叶蛋，可没等儿子动手，妈妈就一把夺过茶叶蛋，说：“你弄不好，我来给你剥。”孩子唯一一次想自己做事，却被妈妈拒绝了。

后来，男孩就理所当然地享受妈妈的所有服务了。

看到这些情景，我时常感叹：这样衣来伸手、饭来张口的孩子如何能够独立呢？

爱孩子，并不是代替孩子去做所有的事情，否则只会培养出软弱无能的弱者。孩子的成长，需要孩子自己去做自己的事情，父母不要剥夺孩子独立做事的机会。

············★★★★★············

从一位当小学老师的朋友那里，我还听到过这样一件让人感慨的事情：

这个朋友除了教课，还兼任一个班的班主任，他的班里有一个富家千金，非常娇贵。每次学校大扫除，都是她妈妈请假到学校帮助女儿擦玻璃、拖地、倒垃圾。

朋友带这个班的两年里，每年植树或其他义务劳动，女孩的妈妈都会主动来学校代替女儿干活。

有几次，班主任劝告女孩的妈妈，要给女儿锻炼劳动能力的机会，不希望看到她再帮助女儿劳动。

可是，女孩的妈妈却反问老师说：“我女儿从未干过家务劳动，要她劳动，把她累坏了、摔伤了怎么办？您能负这个责任吗？”

女孩妈妈的话让朋友很感慨，他对女孩的妈妈说：“您能一辈子都代她劳动、做事吗？您能陪伴她一辈子吗？”

“我女儿现在的任务就是学习，别的她都不用做，如果学校确实要求做，那么我来做。”女孩妈妈说。

无论朋友怎么劝说和阻止，女孩的妈妈仍旧坚持来学校帮女儿劳动。如果老师不同意妈妈参加劳动，妈妈也坚持不让女儿参加相应的活动。

孩子的任务不仅仅是学习，劳动和课外活动也是孩子学习和成长的重要内容，对孩子的成长和发展有很重要的作用，父母代替孩子去做或剥夺孩子参与这些活动的权力，实在不该，这只会剥夺孩子成长的机会。

★★★★★

我想起了一个4岁女孩的妈妈给我讲过的一件事：

那一天，妈妈要带女儿去公园玩，按照惯例，女儿要带上一些吃的和一瓶水。而这一切，妈妈都要求女儿自己准备。

女孩首先打开盛放食物的柜子，从里面找出两小包蛋糕、一根火腿肠和一盒饼干，放进了自己的背包里。

然后，她拿来自己的水瓶，双手用力地端起那个装满水的大杯子，开始往水瓶里灌水。

女孩的动作还很不协调，她端着大杯子的小手摇摇晃晃，将水灌进水瓶的时候，水不时地洒出来，流到了桌上、地上，她的衣服前襟也弄湿了。

妈妈只是在一旁看着女儿，并不去帮她做。

等到水瓶里灌满了水，女孩发现，水瓶外面也洒了很多水，衣服也湿了，她挠了挠头皮，冲着妈妈不好意思地笑了。

接着，没等妈妈吩咐，女孩迅速地拿起桌上的抹布，要擦干桌子上的水。擦完了，她准备将水瓶装进自己的背包里。

这时，妈妈说：“地板上还有水呢，衣服湿了怎么办呢?”

女孩想了一会儿，跑去卫生间拿拖布，无奈拖布对她来说太大了，她只好用桌上的抹布擦干了地上的水。然后，她又跑到卧室去换衣服了。

女孩的妈妈告诉我，这些事情，女儿一个人前前后后忙活了半个多小时，可妈妈就是没有伸出一只手。她说，这在他们家已成了一种习惯：

女儿的事情都要她自己处理。

我很赞赏这位妈妈的做法，也很佩服她的耐心。不剥夺孩子自我体验的机会，不剥夺孩子通过实践、亲身体验实现自我成长的机会，这是明智的父母应该做的。

### 成墨初给您的教养建议

● 爱孩子，就不要替孩子包办，要让孩子自己做事，培养出孩子的自理能力，让孩子能够独立成长。

● 父母要安排孩子适当做些家务，将必要的劳动技能传授给孩子，让孩子承担自己对家庭的责任。

● 孩子能力有限，总会出现做不好的情况，父母要宽容孩子的"破坏"行为，告诉孩子正确的方法，帮助孩子最终把事情做好。

## 9. 我可以教你，但不能替你做——给孩子"渔"而非"鱼"

几年前的一天晚上，桐桐要喝牛奶，她准备从厨房端一杯刚加热过、比较烫手的牛奶杯到客厅。

知道牛奶杯烫手，我不是帮桐桐端过来了事，而是告诉她说："牛奶杯烫手，你想想有什么办法端过来？"

桐桐摸了摸牛奶杯，然后迅速地缩回了手，她想了想，说："等牛奶凉了再端过去。"

"嗯，这是个办法。如果不等凉了就要端走呢，比如你妈妈正在做饭，有一碗很烫的粥或汤，在厨房比较占地方或碍事，要端走这碗烫手的粥或汤，有什么办法呢？"

我提出这个问题，希望促使桐桐思考，找出解决这个问题的办法。

桐桐想了想，想不出来，她摇了摇头。

“你想想看，用什么东西可以让牛奶杯不那么烫手?”我有意环视了一下厨房的台子，上面有刀具、洗碗布、菜板、碗筷等。

桐桐也随着我看了看厨房的台子。忽然，她大喊：“有了，我用洗碗布包在杯子外边，把牛奶杯端过去。”

她拿起洗碗布，用双手将它围在牛奶杯的周围，轻轻端了一下，转身对我说：“爸爸，不烫手了。”

我笑了笑：“嗯，桐桐真聪明，想到了一个好办法。”

孩子一时无法做好的事情，父母不必马上代孩子去做，而要引导孩子主动思考，让孩子自己找到做好事情的方法。

★ ★ ★ ★ ★

一次，在一家商场门外，我遇到了一位年轻的妈妈和她两岁左右的儿子，两人一前一后地向前走，大概是刚从商场购物出来。

一会儿，我听到男孩对他妈妈大喊大叫：“妈妈，我要吃饼干。”

我转过头，观察这对母子的举动。

我看到，孩子的妈妈从购物袋里掏出一包还没拆封的饼干，递给儿子说：“你自己打开吧。”接着，妈妈继续向前走。

男孩拿起饼干袋，双手用力撕了一下一头，但没能撕开，他又换了另一头准备撕开，可还是没有成功。

于是男孩又开始喊已经走远了的妈妈，并追赶上去，对妈妈说：“妈妈给我打开。”

但年轻妈妈并没有直接帮儿子打开饼干袋，她把购物袋放在地上，蹲下来，说：“宝贝，妈妈来教教你。你看，这里有一个小口子。”妈妈用手指了指饼干袋上的那个缺口。然后，妈妈用手将儿子的两只小手分别放到缺口的两边，并握着他的小手做出向两边用力撕的样子，说：“这样用力撕，就开了，你试试看。”

儿子按照妈妈说的，用力撕那个缺口，果然一下就撕开了，不过，由于撕开的口太大了，一些饼干撒到了地上。

妈妈笑了，儿子也笑了。

可能很多父母会直接帮孩子将袋子撕开了事，省得麻烦。也许这样很省事，可孩子就缺少了一次学习解决问题的机会。

孩子有能力做却不会做的事情，父母要耐心教孩子做事的方法，不放弃任何一个教孩子学习解决问题、处理事情的机会。

★★★★★

一次，我正在看书，桐桐在电脑上找到“小学数学同步练”，那是我给她下载的一个数学练习软件，她找了一些数学应用题来做。

过了一会儿，桐桐拉着我来到电脑前，问我一道数学应用题怎么做，那道题目是：“杨树和柳树一共39棵，柳树有15棵，请问杨树比柳树多多少棵？”

这道题目的下边还有几道类似的题目，如：草地里有山羊20只，比绵羊少7只，请问一共有多少只羊？

桐桐当时刚学会一些应用题的解法，可能还不熟练这类题目的做法。

我对桐桐说：“你看这道题目，问的是杨树比柳树多多少棵，那是不是先得知道杨树和柳树各有多少棵啊？”

桐桐想了一会儿，点点头。

“你看这个题目，柳树多少棵知道了，那杨树多少棵怎么计算呢？”

桐桐念了一遍题目，然后在纸上写着画着：“杨树和柳树一共39棵，柳树有15棵……”不一会儿，她领会了，欢喜地叫道：“杨树就是39棵减去15棵哦。”

我笑了。

桐桐在纸上计算39减去15的结果，得出了24。

我继续说：“杨树的棵数计算出来了，是24棵，柳树的棵数也已经知道了，是15棵，杨树比柳树多多少棵怎么计算呢？”

桐桐又想了一会儿，一边念诵着，一边在纸上计算：“24减去15，是9棵。”

我笑了，桐桐的脸上也露出了胜利的笑。

孩子提出问题，父母最好不要直接将答案告诉孩子，而要借此启发孩子思考，帮助孩子找到解决问题的办法，让孩子自己去解决问题。

成墨初给您的教养建议

● 父母要给孩子动手实践的机会，孩子自己动手锻炼的机会多了，就会掌握一些做事的技巧，各种实践能力也会得到加强。

● 教孩子正确做事的方法。孩子年龄小，有些事情是无法独自完成的，父母要教孩子正确的方法，与孩子一起顺利完成。

● 当孩子年龄、阅历有所增长，父母要尝试放手，让孩子学会思考生活中遇到的问题，学会自己动手解决。

## 10. 孩子，你能帮帮我吗——教育孩子学会爱

我的一个读者朋友曾给我讲过这样一件事：

这个读者的女儿为了在妈妈生日时给她一个惊喜，从未做过饭的她每天中午都要去一个同学家去学做饭。

女儿的同学家离学校很近，她很会做饭，也很喜欢做饭。因为同学的父母单位离家远，所以他们中午不回家，而同学每天一个人回家做饭吃。

女孩主动向同学拜师学厨艺，这样一直学习了半个多月，她终于学会了做糖醋鲤鱼、红烧肉、西红柿炒鸡蛋等几道菜，也学会了煮饭。

到了妈妈生日那天，女儿提出给妈妈做饭，希望给妈妈露一手。

妈妈不相信从未进过厨房的女儿会做饭菜，笑她吹牛，并阻止女儿，对她说："你看书去，别捣乱。"

可女儿信心百倍地坚持要做。等女儿真的做出了好吃的饭菜之后，妈妈很惊讶，追问女儿到底怎么回事。

当得知女儿每天放弃午休甚至放弃学习时间去学做饭时，妈妈很生气，不但没有表扬女儿，还埋怨她说："中午那么短的休息时间，不好好

休息，抓紧时间多读点书，把时间都浪费在做饭上，考不上大学，这些时间浪费了多不划算。”

女儿的一腔热情被浇了一盆冷水，她很郁闷，那顿饭，本应吃得很香，但妈妈这么一说，她感觉比什么都难以下咽。

这是父母会不经意间常犯的错误。孩子用心付出，想对父母表达自己的爱，可是，父母却从自己的角度，否定孩子的付出，不能坦然接受孩子的爱。

教孩子学会爱父母，这是很好的机会。父母正确的做法，应是感激地接受孩子的爱，无论孩子做得怎么样，无论孩子付出了怎样的代价。

★★★★★

有一次，我、妻子和桐桐一起去附近的商场购物。

在买了几件衣服和一大堆生活用品后，我口袋里只剩下三十多元钱。妻子说想买一双棉手套。

在寻找卖手套的摊位时，桐桐突然发现了一个很好玩的小猴骑车的电动玩具，只要把电源开关打开，小猴就会不停地用脚蹬车，骑车转圈，有时，小猴还会做出几个搞笑的动作。

桐桐一下子迷上了这款玩具，央求我给她买下来。

这款玩具的价格是20元，我剩下的钱不能同时给妻子买手套和给桐桐买玩具。我有点犯难了，不知道该不该满足谁。

我当时想，要是多带点钱或者刚才少买一样东西就好了。

看到女儿很想要那个玩具，妻子说：“我不买手套了。”她想用剩下的钱给桐桐买玩具。

我本来打算听从妻子的安排，但转念一想，这或许是教育桐桐爱妈妈的一个机会，教育她要考虑别人需求的一个机会。

眼看马上就要进入冬天了，妻子的手容易冻坏，她那双手套也的确破得有点不像样子了。

于是，我对桐桐说：“桐桐，你爱妈妈吗？”

桐桐疑惑地看着我，不假思索地说：“爱。”

“你爱妈妈，是不是就要满足妈妈的愿望，是不是应该为妈妈做件事呢？”

桐桐点点头。

我赶紧趁热打铁，笑着对桐桐说：“桐桐真是个好孩子，愿意满足妈妈的愿望。你看，冬天就要到了，妈妈的手很容易冻坏，手冻坏了会很疼的。现在爸爸身上的钱不多了，你能不能把钱让给妈妈买手套呢？”

受到了夸奖，桐桐很开心，她想了想，很快就答应了我的要求。

教孩子学会爱，父母就要适当地表达自己的愿望和需求，引导孩子学会考虑到父母，引导孩子满足父母的愿望和需求。

★★★★★

有一次我母亲生病，在家休养，一个亲戚来看她时带来一些香蕉。

桐桐很喜欢吃香蕉，我们基本上把香蕉都让给桐桐吃。

一个下午，我下班回家，看到桐桐在一边吃香蕉，一边看电视，她已经连续吃了三根香蕉。

我有些不悦，对桐桐说：“桐桐，这些香蕉都是别人送给奶奶吃的，你都吃完了，奶奶就没得吃了，她的病怎能好得快呢？”

桐桐理直气壮地地回答：“是奶奶让我吃的。”

奶奶心疼孙女，有些娇惯她，但我不希望桐桐被娇惯成一个自私的孩子。

我平心静气地说：“奶奶让你吃，是因为奶奶心疼你，但你也要懂得心疼奶奶，把好吃的东西让给奶奶吃。何况奶奶正生病呢，更需要我们细心的关心和照顾，你说是不是？”

桐桐不再说话。

我继续对桐桐说：“奶奶平时照顾我们，爱我们，我们也要照顾好奶奶，爱奶奶，这样我们才像一家人，是不是？我们要把好吃的让给奶奶吃，陪奶奶说说话、聊聊天，奶奶休息需要安静，所以我们说话要小声，电视声音也要开小一点，否则会影响奶奶休息的。”

“我把香蕉拿给奶奶吃。”听了我的话，桐桐掰了一根香蕉，要给奶奶送去。

父母不仅要让孩子接受父母的爱，也要教育孩子学习去爱家人、爱其他人，言传身教教育孩子如何照顾他人，满足他人的需求。

成墨初给您的教养建议

● 让孩子感受到爱。父母在生活中要呵护孩子，让孩子知道什么是“爱”，只有得到了父母充分的爱，孩子心中才会有爱，才会懂得爱他人。

● 接受孩子的爱。当孩子对父母的关心表示回报时，父母应该坦然接受，这样孩子会觉得自己的行为是父母认可的。

● 不断地表扬和肯定孩子的爱心行为。孩子在表达爱的时候，即使把事情做得很糟糕，父母也要给予孩子表扬和肯定，强化孩子的爱心行为。

## 11. 这样做对你是最好的——指导孩子而不是操纵孩子

一些父母错误地认为，掌控不了孩子，就做不好教育，要想做好教育，就得控制住孩子。为此，他们会采取各种措施，软硬兼施，威逼利诱，黑红脸合唱，奖惩一起用，使孩子在自己的掌握之中。

一个周末，我带桐桐去商场买东西。因为桐桐在一个月内坚持帮助妈妈做家务，没有耍过脾气，没有找过理由，为此我奖励她一件小礼物。

桐桐在挑选礼物的过程中，总是拿不定主意，一会儿想要一套芭比娃娃，一会儿又看中一个玩具工程车，一会儿想要买一条裙子，一会儿又看中一支钢笔。

桐桐在商场徘徊着，而且选择的东西越多，她就越犹豫不决。我在一旁指点道：“桐桐，芭比，你曾经有过一个；玩具车，好像更适合男孩玩；裙子呢，我给你买回去，你妈妈肯定会说咱们没有品位。我觉得这支钢笔不错，你练钢笔字，正好能用得上。”

我刚说完，桐桐就很不高兴地对我说：“是我买东西，还是你买东西？你就不能不扰乱我做决定吗？”

旁边的售货员看到这一幕，不禁笑起来，搭讪着说：“好有主见的小姑娘啊，将来一定能成大事。”

一句恭维的话，说得桐桐心花怒放，她振振有词地对售货员说：“阿姨，我爸爸在家里天天讲民主，现在却想要左右我，不公平！”

售货员连忙打圆场：“你爸爸也是为你好呀。”

“哼，我又不是木偶，凭啥受他左右？”桐桐不依不饶地说。

“我可不想控制你。你别冤枉我。我只是怕你做不了决定，给你提供点意见。”我连忙澄清道。

“那我要是听了你的意见，我不就成了木偶了。”桐桐反驳道。

“那你也不能为了民主，就完全不听别人的意见吧？爸爸是大人，人生经验丰富，又很了解你，给你提供点建议，也是帮助你提高分析能力。”我说道。

“错，那分析是你的分析，不是我的。我就想要芭比娃娃，家里那个芭比娃娃和这个芭比娃娃意义不同。”

我想了想，既然桐桐明确地表达了她的意见，我就只能随她的意了。

当孩子表达自己意见的时候，父母一定要认真倾听，不要一味按照成人的经验拆解孩子的想法，让孩子的想法得不到实现，会影响亲子之间的关系。

★ ★ ★ ★ ★

学校艺术节快到了，桐桐和同学表演话剧《半夜鸡叫》。妻子一听就笑了，说：“你一个小孩子，经验不足，能表演好吗？”桐桐无法接受别人否定她的能力，撅着嘴说：“就你能表演好？哼！”

妻子连忙改口说：“当然，桐桐的语文很好，又善于表演，能掌握人物心理，肯定能演好。”桐桐这才转怒为喜。妻子又问道：“那你表演哪一段呢？妈妈能不能先睹为快？”

桐桐很喜欢在我们夫妻俩面前表演，所以一听妻子如此说，立刻摆好姿势，一会儿演长工，一会儿演周扒皮，一会儿又演地主婆，忙得不亦乐乎。

妻子看着看着终于忍不住了，摆着手对桐桐说：“地主婆的表情不对，周扒皮的声调也太柔和了，长工的底气又太足了。应该这样，这样，这样……”说着，就长篇大论起来。

开始桐桐还听着，后来终于不耐烦了，说道：“我认为周扒皮就是这样的！你就是看我干啥都不好！”说完一赌气扭身走了，再也不听妻子那一套了。

指导孩子提高认识时，一定不要在孩子兴趣正浓时批评孩子，而要允许孩子有自己的看法。不要强求孩子接受成人看法，给孩子慢慢体会的时间，以免引起孩子反感。

★ ★ ★ ★ ★

艺林是一名教育心理咨询师，也是我的网友，因阅读我的博客而与我相识。我们经常在网上讨论教育问题，还介绍自己的孩子与对方相识。艺林家有一子，叫艺智，和桐桐同岁，两个人很快也成了朋友。

我和艺林聊天时，桐桐和艺智经常会加入聊天。为了不冷场，我会告诉桐桐怎么跟叔叔说话，怎么跟哥哥说话。艺林也会指导艺智怎么跟我们聊天。

那天，我告诉桐桐，跟艺智说说学校里的事情，互相介绍一下和自己关系最好的小伙伴。桐桐很听话，马上就跟艺智说起学校的事情来。

艺智不愿意了，他说：“叔叔，我们都是大孩子了，为啥聊下天还得受你们的控制。我们难道没有说话的自由吗？”

我一时无言以对，意识到了自己的错误。

无论孩子玩耍、交友、学习，还是做其他事情，在孩子没有想法时，可以为孩子提供参考建议。但如果孩子有自己的想法，就要让孩子自己做主，不要去控制孩子，否则只会引发矛盾。

成墨初给您的教养建议

● 父母要克制自己的控制欲望。如果父母对孩子的控制欲比较强烈，建议父母把心态放平和。

● 对孩子的期望，不要直接地表现出来。对孩子有期望很好，但不要在孩子面前时时处处表现出来，不要急躁，如果按正确的思路去做，但一时看不到成效，也不要太着急，继续做下去就行。

● 给孩子一些成长空间，离孩子稍远一点观察。孩子的成长是有个性的，应该顺其自然，不应该在孩子脑子里设个框框，规定孩子应该怎样，更不能强迫孩子改变。

## 12. 只要努力了就好——孩子的成长比成绩更重要

我的邻居中，有这样一对夫妻，他们对读初中的儿子在学习上要求很高，期望儿子将来能考取重点大学，总是不断给儿子加压。

他们每天几乎是逼迫着儿子学习，要求儿子每天早上 6 点钟起床，晚上 11 点钟睡觉，把儿子每天的学习时间安排得满满的。

他们剥夺了儿子很多课余爱好，取消了他的一些娱乐活动，不允许儿子看电视，不允许儿子滥交朋友，只让他交那些学习成绩好的朋友。

而且，他们要求儿子每次成绩不能低于班级前三名、年级前 20 名，否则就要罚跪，让儿子对自己“失败”的成绩进行反思和检讨。

他们把儿子当成了学习的机器，当成了挣分数和考学的机器，而不是把他当成一个有血有肉、有思想、有情感的人来对待。这种做法对孩子非常有害。

类似上面这对父母只看重孩子成绩的做法，在越来越注重孩子的素质教育、注重孩子全面发展的今天，仍有许多，这种做法无异于对孩子人格、人性的摧残。

学习成绩并不能代替孩子的所有方面，学习的进步不能代表孩子所有的成长。所以，父母要避免这种过于偏颇的教育方式，要更关注孩子的成长，而不是成绩。

· · · · · · · · · · ★ ★ ★ ★ ★ · · · · · · · · · ·

桐桐有一次考试成绩很差，她从来没考那么差过。那天，她拿着成绩单低头站在我面前，似乎在等待着我的发落。

我看了看桐桐的成绩单，没有说别的，只是平静地对她说："你再仔细地把错的题目看看吧。"

桐桐抬起头看着我，有些不解地问我："爸爸，我考这么差，你为什么不批评我?"

"为什么要批评你?"我明白桐桐的意思，但还是问她。

桐桐的脸上浮出了笑意，松了一口气似的对我说："我有好几个同学的爸爸妈妈都这样做，他们考不好，爸爸妈妈就会狠狠地批评他们。"

"是这样啊。"

桐桐点点头。

"我不会因为你成绩差而批评你，你能健康成长，你能变得越来越懂事，你能认真学习并在学习中感到快乐，这些比你的成绩更重要。只要努力了就好，即使偶尔考砸了，也不要紧。重要的是，你要好好想想这次没考好的原因，从这次考试中吸取教训，争取下次考好。"

桐桐笑了笑，对我说："谢谢爸爸的理解。"

孩子学业成绩差或某方面表现差，父母不要只是批评孩子不好的成绩和表现，而要明白孩子为什么会如此，并帮助孩子从这样的成绩和表现中吸取教训、获得经验，从中得到成长，这才是更重要的。

· · · · · · · · · · ★ ★ ★ ★ ★ · · · · · · · · · ·

小李和小刘都曾经是我的同事，几年前，我们在一个办公室工作。那时，她们都有一个女儿，但两个孩子不在同一所学校。

因为有同龄的女儿，所以小李和小刘也有了很多共同语言，她们经常在一起交流孩子的教育问题。

有一天，我在办公室门口，听到小李悄悄对小刘说："小刘，告诉你一个秘密，我女儿这次区里模拟考的考题我知道了，是我丈夫的一位朋友告诉我们的，我丈夫的朋友是区教育局的。我女儿这两天正复习这些考题呢。你要不要考题?"

因为背对着我，小李和小刘并不知道，我恰巧在这个时候走进办公室，她们的谈话我都听到了，声音虽然小，但我还是听得很真切。

小刘笑着说："呵呵，不用不用，谢谢你啊。"

孩子知道了考题，到时候不是可以拿更高的分吗？为什么不要呢？我听说这次区模拟考试的成绩会作为中考的参考呢。"

小刘笑了笑，认真地对小李说："我不希望女儿通过不正当方式获取高分，我希望她靠自己的实力。再说，孩子的成长比成绩更重要，只要孩子扎实掌握了所学知识，掌握了解题的思路和方法，什么题目都能应付。如果孩子没有真本事，即使靠投机取巧考了高分，又有什么用呢？她以后怎么办呢？谢谢你，真的不用了。"

小李叹了口气，摇了摇头，然后走开了。

只要孩子掌握了扎实的知识、经验和技能，掌握了做人做事的技能，学会了解决问题的方法，不断地成长，他的人生就会幸福、快乐。

## 成墨初给您的教养建议

- 学习不是孩子生活的唯一，父母要多注重孩子品质的发展，多关注孩子的生活，否则容易导致孩子"高分低能"。
- 考试只是一场关于成绩的测试，父母可以帮助孩子查找成绩不好的原因，帮助孩子解决学习中存在的问题为主要任务。
- 父母要把考试成绩当成孩子的隐私，尊重孩子，不要太在意孩子的某一次成绩，父母关注越多，孩子压力越大。

# Part Five
# 给孩子成长客观需要的，不要以爱的名义伤害孩子

很多父母都在不知不觉地用“爱你”这顶帽子来合理化自己对待孩子的许多非理性行为。殊不知，孩子都被“爱”得几乎窒息了。不要以爱的名义占有、要挟、控制孩子。

## 1. 抓住我的手，别摔着——过分保护孩子

一天，我一个人在小区广场上散步，这时，我看到一个刚学会走路的男孩，在不停地四处走动。

看得出，男孩很想无拘无束地到处走动，但一旁看护他的奶奶却总是死死抓住孙子的胳膊，紧紧地跟着他，生怕他摔跤、受伤。

男孩使劲地挣脱了奶奶的手，一转眼就又跑开了。

体态有些胖的奶奶不停地追赶着孙子，她一边追赶，一边大喊着：“小心，乖乖，别摔着，慢点跑。”

不一会儿，男孩果然摔倒了，可他丝毫不在乎，自己爬起来，继续到处跑。

奶奶追上了孙子，又一次抓住他的胳膊，不敢再松开。男孩受到了束缚，开始大叫，他要摆脱奶奶的控制，不断地抡胳膊、踢腿。

“这孩子，怎么乱跑呢？不要再跑了，摔得疼不疼啊？”奶奶不住地责怪着小孙子，仍旧死死抓住他的胳膊，任他乱打、乱踢。

孩子刚学走路，喜欢到处走动，但走路技巧还不熟练，摇摇晃晃，不时会摔倒，这常常让家长担心，所以总限制孩子“乱走”、“乱跑”。

这就是一种对孩子的过分保护，这种过分保护会严重阻碍孩子身心

各方面能力的发展，阻碍孩子的健康成长。所以，父母不要担心孩子摔跤，不要过分保护，孩子在经历过摔跤后才能走得更稳健。

★★★★★

我的一个表弟，他有一个5岁的儿子嘟嘟，这个孩子是几代单传，是全家人的宝贝，全家人都对他百般疼爱，视为掌上明珠。

有一次，嘟嘟有点感冒，但这普通的感冒，却让全家上下“兴师动众”。

得知住在幼儿园的儿子生病了，嘟嘟的爸爸和妈妈都向单位请了假，带着儿子去医院看病。

医生给嘟嘟开了治疗咳嗽的口服药，但妈妈担心疗效低，要求医生给他输液。

妈妈不住地问儿子哪里不舒服，想吃什么，想喝什么，爸爸则急忙到网上去查询治疗咳嗽和感冒的食疗偏方等。

输完液回到家，嘟嘟的爷爷奶奶也来了。嘟嘟要在客厅里玩玩具，奶奶不让他玩，非要孙子躺到床上去，而她将孙子喜欢的几个玩具一一摆到了床上，陪孙子一起玩。

嘟嘟要求看《喜羊羊和灰太狼》的动画片，爷爷急忙把下载了这个动画片的MP4拿来，双手给孙子举着，让躺在床上的孙子看。

嘟嘟的爸爸在网上查到了萝卜蜂蜜水可以治疗咳嗽，且家里有现成的材料，妈妈听说后，急忙照方抓药，去熬萝卜蜂蜜水。

就在嘟嘟的爸爸妈妈、爷爷奶奶都在旁边陪护着他时，还没退休的姥爷听说外孙生病，也向单位请了假，和姥姥一起赶来了，姥姥还给外孙买来止咳的梨子、川贝母熬水给嘟嘟喝。

对孩子过分保护，容易让孩子的身体和心理都变得娇弱。父母不要给孩子过多的保护，让孩子承受一些苦痛，经历一些挫折和风雨，反而会让孩子的身心变得更强大。

★★★★★

在一次家庭聚会上，有两个朋友带了孩子去，其中一个叫可可的10岁男孩，一个叫菁菁的6岁女孩，那次聚会是可可的爸爸请客。

席间，有一个朋友要吸烟，可可的爸爸取过眼前桌上的打火机，吩咐自己的儿子说：“可可，去帮叔叔点烟。”

可可犹犹豫豫，似乎有什么顾虑。迟疑了一会儿，他支支吾吾地说：“我……我……我不敢用打火机。”

“都是个男子汉了，还不敢用打火机？真是笨。”可可爸爸无奈地说。

菁菁快速跑到可可爸爸跟前，抢过打火机，说：“我来帮叔叔点烟。”说完，她拿过打火机，很熟练地将火打着，将那个朋友的烟点好。

可可的表现引起我思考。

听可可爸爸说，为了保护儿子的安全，可可的妈妈制定了种种限制措施，不让儿子动刀、玩火，不让他单独摆弄各种电器，不让他爬树，不让他下水，等等。

为此，可可的爸爸和妈妈没少闹矛盾。他说：“我这老婆啊，太小题大做了，你教孩子怎么用这些有危险的物品，教他注意安全不就是了吗？唉，也怪我，工作太忙，根本没时间教育儿子。”

也正是妈妈的过度保护，让已经10岁的可可连个打火机都不敢用。

面对有危险的事物或事情，父母正确的做法，不是将这些危险和伤害完全屏蔽掉，不是过分保护孩子，而应设法让孩子通过亲身实践学习如何去避免危险，学会如何保护自己。

## 成墨初给您的教养建议

● 不要事事都替孩子做，那样会让孩子变得胆小怕事，没有自立能力，正确的做法是，让孩子自己做力所能及的事情。

● 照看孩子需要细心和耐心，但不要寸步不离，必须让孩子具备独立面对社会竞争的能力和素质。

● 让孩子摆脱依赖性。孩子的依赖心理强，事事都想从父母那里寻求帮助，父母必须让孩子减少依赖心理，父母对孩子的过度保护也会减少。

## 2. 今天别去了——代替孩子做决定

一天放学后，桐桐跟我讲述他们学校当天发生的一些事情，最后，她对我说："爸爸，我最不喜欢我们班童莉莉了。"

我知道童莉莉是个内向、害羞的女孩。我也了解童莉莉的妈妈，她总是替女儿处理事情、安排生活，替女儿做决定。

我问桐桐："你为什么不喜欢童莉莉呢?"

桐桐回答："她太没有主见了，什么事都要听她妈妈的。"桐桐接着给我讲述了那天下午发生的一件事。

那天下午放学后，桐桐拉住童莉莉等三个同学准备玩一会儿"二人三腿"比赛，那是她们看到高年级孩子在体育课上玩的游戏，她们四个人正好两人一组。

听说玩比赛，童莉莉说："我不玩，我妈妈让我放学后就回家。"

其他几个同学都劝童莉莉玩一会儿，但童莉莉不敢作决定，她要给妈妈打电话问妈妈可不可以玩。

童莉莉跑到附近电话亭给妈妈打了一个电话，妈妈果然没有同意。

游戏没有玩成，桐桐和另外两个孩子也只得怏怏不乐地回家了。

最后，桐桐对我说："其实童莉莉很想玩这个游戏，这么点小事她自己都做不了主，不是地球人。"

我苦笑着，孩子们称别人"奇怪"时，就说"不是地球人"。

父母若总是替孩子做决定，就容易使孩子养成依赖心理，缺乏主见，影响孩子独立生存能力的发展，不利于孩子个性的发展。

★ ★ ★ ★ ★

有一位读者朋友向我咨询，她因为一次错误地替儿子做决定，结果使得母子俩关系非常紧张，妈妈不知该怎么办。

一天，这个读者的儿子与几个好朋友约好周末一起去打篮球，对他们而言那是一个很重要的活动。

可是到了周末，妈妈见天气阴沉得很厉害，预计会下雨，担心下雨会淋到儿子，就阻止儿子去打球。

儿子很想赴约打球，但面对妈妈坚决、不容商量的拒绝语气，儿子没有勇气辨驳，只得乖乖地待在家里。

可那天最终并没有下雨，不久就云开雾散了。

第二天，这个男孩才知道，昨天他几个好朋友都去打球了，只有他一个人没去。为此，男孩遭到了其他同学的数落，责怪他不守信用。

因为这件事，儿子回到家，把怨气都撒向了妈妈，埋怨妈妈给他造成了麻烦。从那天开始，儿子就拒绝与妈妈讲话，动不动就跟妈妈使性子、发脾气。

对于处于叛逆期的孩子，对于个性强、独立性强的孩子，父母要少代替他们做决定。因为这些孩子自主和独立的意识更强，代替他们做决定更易引起亲子矛盾。

★★★★★

桐桐3岁的时候，有一天傍晚，我带她出去玩，在小区门外，有一个摆小摊的老大娘在卖一些儿童玩具、针线之类的东西。

桐桐好奇地蹲下来看那些玩具，有一种毛茸茸的电动玩具小狗让桐桐觉得很好奇，她蹲在地上看了很久。

见桐桐喜欢，我决定给她买一个，我让她选择一个自己想要的。

那种玩具有红色的、粉色的、米黄色的，桐桐喜欢粉色，决定要买粉色的。但是我看了看那个粉色的，质量有问题，电池开关不太好用。

我对桐桐说："桐桐，这个开关不好用，用不了几天就会坏的，坏了就不能再玩了，也不能再买了。你再好好想一想，要买哪一个？"

桐桐认真地想了想，还是决定要粉色的。我只得尊重了她的决定，买了粉色的。

果然，那个玩具小狗拿回家，桐桐刚玩了一会儿就坏了。

桐桐不管怎么做都没能让电动小狗再跑、再跳、再叫，看到她沮丧的表情，我说："我知道你还想玩这个，还没玩够，但我们已经说好了，这个坏了就不能再买了。"听我这样说，桐桐只得转身去玩其他玩具。

有时，因为经验和能力所限，孩子的决定可能是不妥当的甚至是错误的。对此，父母不必担心，让孩子自己做决定，并让孩子独自承担自己决定的后果，孩子才能学会如何慎重选择和做决定。

成墨初给您的教养建议

- 给孩子选择的机会。孩子虽小，父母也要给孩子选择的机会，让孩子按照自己的意愿做出选择。
- 培养孩子的主见。在遇到问题时，父母不要帮助孩子解决，要把决定权交给孩子，让孩子自己决定，做一个有主见的人。
- 培养孩子的责任感。孩子的决定不一定都是正确的，有些孩子在出现问题后，往往会责怪父母，父母要抓住机会教育孩子，告诉孩子要为自己的决定和行为负责。

### 3. 你必须听我的——把自己的愿望强加给孩子

在小区里，我曾看到过这样一幕：

隔壁单元一个读初一的男孩准备去同学家，他妈妈追了出来，说什么也不让儿子去同学家。

当时，我听到男孩的妈妈说："我看你那个同学不是个什么好人，整天吊儿郎当的，你不能与他来往。"

男孩生气地反驳妈妈说："人家怎么就不是个好人了？不了解别人就不要随便评论别人。他是我的好朋友。"

"我说不是好人就不是好人，你看他那身打扮，哪有学生那么打扮的？你不能去找他，不能与他继续来往。"

“我凭什么不能去找他？凭什么不能与他来往？我凭什么要听你的？”对妈妈的“霸道”，男孩非常生气，和妈妈针锋相对。

男孩的妈妈以“绝对权威”的口吻对儿子说：“我是你妈，你必须听我的，妈妈不会害你，我不会看错人的。”

“我偏要去！”男孩不服，转身要走。我看到了他愤怒的眼神和表情，他狠狠地挣脱了妈妈的手，跑开了。

我想，男孩和妈妈眼里的“好人”标准或许不一样吧，所以他们对同一个人的看法如此不同。但不管那个同学是什么样的人，我想，妈妈把自己的想法强加给儿子，这很不妥。

父母把自己的观点和愿望强加给孩子，很容易让孩子叛逆，容易压抑孩子的个性和创造性，使孩子对父母心生怨恨，恶化亲子关系。

★ ★ ★ ★ ★

很多父母都喜欢要求孩子要听自己的话，却很少想到自己要“听孩子的话”，这实在是不公平。

有一次，我与一个朋友交谈，就谈到了这个话题。他笑着说：“现在很多父母总要求孩子听话，自己却常常不听孩子的话，哪有这样以大欺小的道理？”

我也笑了，点头称是。

朋友和他 13 岁的儿子关系非常好，两人是无话不谈的“哥们”。

我问他：“您儿子那么有主见，那么独立，但他也很听您的话，很尊重您，您的秘诀是不是就是您很听孩子的话？”

朋友哈哈大笑，说：“是啊，这就是我与儿子关系很好的秘诀。如果儿子有什么想法和意见，他会很坦诚地跟我说。一般情况下，只要他说的不是特别离谱，我都会听他的话，尊重他的想法和意见。”

停顿了一会儿，朋友又说：“尤其是像我儿子这样处于青春期的孩子，自我意识很强。听孩子的话真的很重要哦，这会让孩子感觉到受尊重、被信任，家长也会感觉到孩子对自己的信任和尊重。”

“您说得对，在适当的时候，学会听孩子的话，的确是父母需要修炼的一门功课啊。”我附和着说。

要想成为让孩子喜欢的父母，我们就要懂得在适当的时候听孩子的话，尊重孩子的愿望和想法，而不是把自己的愿望强加给孩子。

············★★★★★············

有一次，我去桐桐的房间里拿东西，突然发现她的书桌上摆放着几块灰色的旧瓦片，上面还有一些灰尘，看上去有点脏。

那些瓦片放在桐桐干净漂亮的小书桌上，与那些有着漂亮封面的图书放在一起，很不协调，很不雅观。

我拿起瓦片，准备扔掉。但转念一想，桐桐不在家，我不能自作主张。于是，我放下瓦片，想等桐桐回家细问一下情况后再作处理。

桐桐放学后，我问她："桐桐，你书桌上放那些瓦片干什么吗？上面也没有好看的图案，有棱有角的，可能还会伤到你的手，你为什么把它们放在你书桌上呢？"

"好玩呗，好看呗。"桐桐歪着脑袋回答说。

我实在想不出，这种司空见惯的破旧瓦片有什么好玩好看的。

"这有什么好看的、好玩的，扔掉可以吗？"我问她。

"不行，我就是觉得好看好玩，觉得它们特别有意思绝对不能扔掉。"桐桐很坚定地说。

我突然意识到，是我太主观了。

我庆幸我当时没有扔掉瓦片，没想到在我眼里是废物一样的东西，在桐桐眼里却像个宝贝。

由此，我想到，尊重孩子，父母就要了解孩子的愿望和想法，了解孩子做某事的理由，而不是仅凭自己的想法和愿望去做事。

## 成墨初给您的教养建议

● 父母望子成龙、望女成凤，总是替孩子做各种决定，这样会引起孩子的逆反心理。父母要多听取孩子的意见，参考孩子的意见做决定。

● 父母要尊重孩子的社交活动，不要用自己的功利观念干涉孩子的择友与交友，要让孩子自己选择朋友。

● 父母发觉把自己意见强加给孩子后，要学会向孩子道歉，向孩子承认自己的错误，进而得到孩子的谅解。

### 4. 我找你的老师谈谈——代替孩子解决困难

一次，我带桐桐在游乐场玩，在游乐场的沙坑里，我看到有几个孩子在玩沙。桐桐也去玩沙，我站在一旁观看几个孩子的举动。

一个4岁左右的男孩花了很长时间，在沙坑里堆了一个“城堡”。看着自己的“杰作”，男孩很得意，就对另一个小男孩炫耀说：“看，我搭的城堡。”

可是，小男孩看了看这个4岁男孩的“城堡”，什么话都没说，突然猛地一下把“城堡”给踩塌了。

“城堡”的小主人很生气，委屈得要哭。小男孩拉拉他的手，像是要安慰他。

踩坏“城堡”的孩子的妈妈正在一旁观看，见到儿子的举动，她急忙跑过来，一边向男孩和他的妈妈道歉，一边轻轻打了自己儿子的屁股一巴掌，并严厉地批评他。

接着，这个男孩的妈妈蹲下身子，双手麻利而快速地为“城堡”的小主人又搭了一座新的“城堡”。

“瞧，阿姨又给你重新建了一个更好的城堡，比你那个更漂亮吧?”这位妈妈一边安慰“城堡”的小主人，一边拍打着他的头和肩膀。

可是，“城堡”的小主人依然伤心，他还在抽泣着。这位妈妈继续劝慰着这个孩子，并从自己的包里拿出一根果丹皮递给他吃。

好一会儿，那个男孩才平静了情绪，继续玩了起来。

看到孩子与其他小朋友发生矛盾和摩擦，很多父母习惯于马上站出来替孩子解决问题，代替孩子平息伙伴之间的矛盾。

事实上，孩子之间发生矛盾非常正常，处理矛盾是孩子学习处理人际关系的好机会，父母应放手让孩子自己想办法去解决难题，锻炼孩子处理人际矛盾的能力。

★ ★ ★ ★ ★

有一次，我去学校接桐桐的时候，遇到了桐桐班的乐乐和她的妈妈。

乐乐是个文静的小女孩，那天，我看到她走出校门时似乎有些不高兴，妈妈也发现了女儿的不开心，就问她："乐乐，你怎么不高兴啊？"

沉默了一会儿，乐乐才撅着嘴巴对妈妈说："老师没有发给我小手掌。"

原来，那几天桐桐学校里要开运动会，他们班的每一位同学——除了运动员——都发了一个塑料小手掌，作为拉拉队的一个小道具。

但是乐乐没有小手掌，不知道是老师忘了给还是小手掌不够了，这让乐乐很不开心，但她又不敢问老师要。

过了一会儿，桐桐出来了，我看到她拿着一个红色的塑料小手掌。

乐乐妈妈听说后，急忙对女儿说："我去找你的老师要一个，你等着我啊。"说完，乐乐的妈妈转身去找女儿的老师。

望着乐乐妈妈的背影，我说："这么一件小事，您为什么不让女儿自己去找老师要呢？"

"还是我去吧，孩子办不了这事。"乐乐妈妈回过头对我说。

我心里很感慨，对孩子来说，用这原本是一件很小的事情，但乐乐妈妈却也要代替女儿去解决。

在生活中，很多难题需要孩子自己去面对，父母不要怕孩子受苦、受委屈，不要代替孩子去解决难题，而要让孩子学习自己去解决难题。

★ ★ ★ ★ ★

不仅在生活、交友方面，孩子遇到难题时，父母要引导孩子自己想办法，而且在学习上，孩子遇到难题时，父母也最好不要直接将答案告诉孩子，不要代替孩子去解决难题。

桐桐有一次做数学题，我在旁边写作。一会儿，桐桐喊我："爸爸，这道题目我不会做，你教教我吧。"

那段时间，我发现桐桐在学习上有点"懒惰"，遇到难题不愿意独立思考，一碰到难题就马上跑来问我或者她妈妈。

"宝贝，我正忙着，你自己先好好想一想，你那么聪明，一定能想出解题办法的。"我头也不抬，大声对桐桐说。

听了我的话，桐桐只得继续思考那道题目，而我继续写作。

"爸爸，我还是做不出来。"不一会儿，桐桐又喊我。

我走过去，象征性地看了一下那道题目，然后说："没关系，这道题目可能真有点难，你再用心思考一下，不如换一种解题方法，看看能不能做出来。你很聪明的，一定能自己做出来的。"

桐桐听到我的鼓励后，继续思考那道题目。

没过多久，桐桐终于解出了那道题。

一般来说，孩子遇到难题喜欢求助于别人，特别是喜欢求助于父母，可能是因为惰性或者害怕困难。这时，父母要给孩子自信，鼓励孩子勇敢地面对难题、独立解决难题。

## 成墨初给您的教养建议

● 困难并不可怕，父母要教孩子乐观面对困难。孩子的心中充满乐观，对待困难时才不会退缩，才会积极想办法解决。

● 教孩子用自我激励法树立信心。孩子面对困难，往往会惧怕、退缩，父母要教孩子学会正面暗示，通过自我激励得到自我肯定，重拾信心。

● 让孩子用行动解决难题。孩子越拖拉，困难的难度在孩子的心中就会增大，父母要鼓励孩子尽快行动起来，一点地解决。

## 5. 爸爸替你摆平了——为孩子的过错买单

一次，我在一所中学给学生做讲座，讲座结束后，一个男孩悄悄递给我一张纸，上面写了长长的几段话。看来，他早已做好了准备。

那张纸上面写道：

成老师，我有一件事想告诉您，这件事一直是我的心结。几个月前，我和一个朋友打架了，我不小心将他打伤了，而且伤得很严重，这完全是我的责任。

我爸爸知道这件事后，告诉我不要担心，让我安心学习，他会替我“摆平”。我不知道爸爸究竟用了什么方法摆平此事，后来，学校和老师以及那个同学和他的家长都没有再找我的麻烦。

让我不解的是，那个同学从那以后就再也没来学校了，听说他转学了，转到了一所并不很好的学校。

我爸爸是市里的一个领导，我不知道爸爸是否利用了职权让这件事“不了了之”，我不敢问爸爸这件事情是怎么解决的。

我心里怀有很深的愧疚，但我又不敢向同学承认错误。我不知道他是因为恨我还是迫于我为官的父亲的压力才不跟我联系，我觉得是我害了他，心里一直很不安，可我又不知道该如何补救。您能帮帮我吗？

男孩给我的这张纸条有些皱，有点发黄，看得出来，这张纸条在他手里攥了很长时间，他大概是犹豫了很久才决定交给我的。

我很佩服这个男孩的勇气，他能够意识到自己的错误并因此产生愧疚感，这是非常值得称赞的。可是，男孩父亲的做法却很不妥当。且不说他利用职权做了什么违反常理的事情，就他代替儿子承担过错、替儿子“摆平”这件事的做法，就是非常错误的。

孩子的过错，应尽可能让孩子自己去承担，让孩子用自己的行动对自己的过错进行补救。这样，孩子才不会“良心不安”，才会牢牢地记住自己以后究竟该怎么做。

★★★★★

我初中时的一个同学曾跟我抱怨说，他读小学的儿子总是马马虎虎、丢三落四，他每天不丢点东西似乎就不正常。

“您说我这孩子马马虎虎、丢三落四的毛病怎么改啊？”同学问我。

我听说，儿子每次丢了东西，父亲马上就给他买新的，有时为了防止丢失，同样的东西父亲会给儿子一次买好几个。

“依我看啊，您儿子这个毛病改不了了。”我说。

“啊，改不了？他这样马虎，长大后怎么办啊？”老同学惊奇地说。

“如果他丢了一次东西您就给他买，他就永远改不了这个毛病。您儿子会觉得，丢了东西反正爸爸会再买，所以丢了东西也无所谓。”

老同学沉默了一会儿，不解地问：“如果他丢了东西我不给他买，他要用这个东西时怎么办呢？”

“丢了东西是他自己的原因，是因为他粗心大意，为什么要您给他买单？如果您总是给他买单，他就无法意识到自己的责任。”我告诉他。

“那怎么办呢？”老同学问。

“他丢了东西，您不要给他买，要让他自己买，而且用他自己的零花钱买，让他承担自己过错的责任。慢慢地，他就知道应该努力改正自己马虎的毛病了。”我给他支招。

老同学一边不住地点头，一边说：“嗯，有道理，这是个办法。我就试试这么干吧。”

孩子犯错，让他自己去承担责任，让他为自己的过错付出一些“代价”，才会促使他设法避免再次犯错，促使他用心改正错误。

★★★★★

我有一位朋友，她是一个出色的编辑，也是一位智慧的妈妈。这位朋友读小学的儿子有一次借同学的游戏机玩，不小心给弄坏了。

儿子心里有些不安，对妈妈说：“妈妈，我把同学的游戏机弄坏了，怎么办呢？”

“你说怎么办呢？”朋友平静地反问儿子。

“同学肯定不会放过我的，他肯定会让我还的，因为他很喜欢这个游戏机。妈妈，你帮我去给他买一个一模一样的游戏机还给他吧?”

朋友依然平静地说：“凭什么我去给他买啊？又不是我弄坏的，是你弄坏的。”

“您是我妈啊，我又没有钱。”儿子急了。

“不行，我不能替你承担责任，这是你的错，这不是我的错。”妈妈依然“冷酷无情”地说。

“那您说我该怎么办呢？您总不能见死不救吧?”儿子有点愤愤不平。

见儿子无可奈何的样子，朋友说：“既然这样，我给你几个建议。”

“什么建议?”儿子迫不急待地问?

“你每天节约一点零花钱，或者这几个月都不去吃麦当劳了，或者把你准备买运动鞋的钱省下来买游戏机还给你的同学。”妈妈说。

“啊?”儿子似乎有些不情愿。

“自己犯的错误就得自己承担。我可以先借钱给你，但要从你的零花钱或吃麦当劳、买鞋子的钱里扣出来。”妈妈坚定地说。

见妈妈如此坚决，儿子只得答应。

我们不妨学学这位妈妈，孩子犯的错误，根据孩子的能力，让他承担相应的责任，让孩子通过自己的努力去弥补自己的错误。

## 成墨初给您的教养建议

● 父母不要为孩子的过错买单。孩子的过错，尽量让孩子自己去承担，让孩子自己去弥补过错。

● 父母要给孩子负责的机会，可以有针对性地赋予孩子一定的责任，如让孩子自己洗衣服，让孩子帮助打扫卫生等。

● 父母要让孩子承担行为的不良后果，培养孩子的责任心，如让孩子自己承担生活、学习中的过失，强化孩子的责任感。

## 6. 孩子，你又怎么了——过度关注孩子

桐桐两三岁的时候，她活泼、爱讲话，小嘴巴不停地说着自己所看到的、听到的好玩的事情，还时不时蹦出几句令人发笑的话，她还时常给我们唱歌、跳舞，表演各种各样的节目。

我母亲也非常喜欢这个乖巧可爱的小孙女，乐意跟她一起玩，一老一少每天都玩得不亦乐乎。在母亲眼里，桐桐就是一个“小明星”。

不过，我觉得母亲有时太过于关注桐桐了，几乎每时每刻都围着她转，每时每刻都关心她在做什么、想什么，关心她想吃什么，想玩什么，有什么开心的，有什么不开心的，等等。

那天，妻子去超市买东西，母亲要打扫卫生，我要求桐桐一个人玩玩具，我准备去看书。

还没过一分钟，我就听到母亲问桐桐：“桐桐，玩什么呢？”

桐桐不说话，继续玩，母亲又转身去打扫卫生。

又过了不到一分钟，我又听到母亲说：“桐桐，玩得开心吗？”

桐桐还是没有说话。

又过了一会儿，母亲又转身来到桐桐身边，蹲下来，问她：“嗯，桐桐怎么皱着眉头呢？是搭积木遇到困难了吗？”

那段时间，母亲的话比较多，我意识到，她对桐桐的关注有点多了，总喜欢在桐桐专心玩的时候打断她。

我认为，这对桐桐的专注力培养并不好，虽然指出母亲的不足我有些不忍，但为了桐桐的成长，我还是对母亲说：“桐桐专心玩的时候，您尽量不要打扰她，不要太多地关注她，您可以去做您的事情，或者休息一下，因为她专心玩的时候也是在专心地思考。”

母亲是个通情达理的人，她接受了我的意见，还虚心地问我其他一些有关教育孩子的问题。

孩子在做事时，父母尽量不要过多地关注他，不要因为关注而总去打搅他，要给孩子宽松的空间，让孩子学会独自安静地做事。

★★★★★

一天，朋友老方给我讲述了她儿子最近两个月的变化。

原来，老方的儿子只有四个多月就要参加中考了，这个寄托着全家人希望的独苗，从那时开始就成了全家人的“重点保护对象”，受到了全家人的特殊对待。

当时，老方的公婆也在家里照顾孙子，以便儿子儿媳工作忙时能帮一下忙。

自从中考开始倒计时，这个即将上“战场”的孩子的事情就成了家里的头等大事，孩子的困难成了家里头等需要解决的困难，孩子的需求成了家里头等需要满足的需求。

老方的儿子原本是自己乘车上下学的，自从中考开始倒计时，他上下学就由爸爸妈妈、爷爷奶奶轮流接送。

老方对儿子每天都“嘘寒问暖”，每顿饭前都细心地问儿子想吃什么，只要孩子想吃的，老方就一定会想方设法去满足他。

为了照顾孩子的学习，全家人把每晚看电视这一活动项目取消了，为了不影响孩子学习，就连家人说话也都将声音放得很低。

老方的儿子只要有哪怕一丁点儿情绪波动或一个不快的眼神，全家人就齐齐围住他问：“孩子你怎么了？哪里不舒服？你告诉我们，我们该怎么做，该怎么帮你？”

尽管全家人都十分小心地呵护着孩子，可孩子却越来越频繁地出现“问题”，先是不能专心投入复习，然后是头疼、失眠，有时肚子疼，情绪不好，经常冲家人发脾气，后来就频繁地洗手、洗脸。

事实上，老方的儿子是由于在考前被家人过度地关注而导致心理压力过大。

了解情况后，我建议老方：“你们没有必要把中考看得太重，也没有必要把孩子当成重点保护对象，这样反而增加了他的心理压力。你们只要以平常心对待孩子，平时怎么对待他，这个时候怎么对待他就好了，也不要像对待‘贵宾’一样给他特殊待遇。”

孩子处在中考、高考等关键时期时，父母不要过分关注孩子，这样容易造成孩子压力过大。

★★★★★

不过分关注孩子，还表现在家长对孩子的各种行为——无论是好行为还是坏行为——都要泰然处之，以一颗平常心对待孩子的每一种表现。

比如，当孩子成绩优异时，父母不要过多地表扬、抬高孩子。孩子成绩不理想时，也不要过分地批评指责，避免三番五次地借此对孩子进行思想教育。

我曾听到过这样一个小故事：

有一个小学二年级的男孩，一次考试考了双百分，父母很高兴。

得知儿子成绩的那一天，父母为他隆重地庆祝了一次：给他买来他最想要的一个价值几百元的游戏机；把他的爷爷奶奶叫来，一家人带他到麦当劳大吃了一顿，第二天还带他去看了一场电影《星球大战》。

在麦当劳吃饭时，妈妈一个劲地夸奖儿子聪明，说他是“双百将军”，是个“凯旋的战士”，是这个家的“未来之星”，是父母的骄傲。

父母一系列的“庆祝活动”让这个男孩有些飘飘然，他觉得自己很了不起，他想：原来考双百这么爽啊。

这次之后，男孩在同学面前就开始飞扬跋扈，班里的同学他谁都不再放在眼里，动不动就说：“我是双百将军，你不要惹我。”“我是我们家的未来之星，你不要烦我。”

在很多人眼里，这个男孩成了一个非常骄傲、目中无人的孩子。

孩子取得一点成绩，适当地庆祝一下是可以的，但如果过分地关注孩子的成绩，过度地渲染孩子的成绩，就容易给孩子错误的观念，让孩子的傲气膨胀。

同样，过分地关注孩子的错误和不足，也会给孩子压力。所以，父母要以一颗平常心对待孩子的成绩和表现，接纳孩子的每一种表现。

成墨初给您的教养建议

● 不放大孩子的成绩。孩子的成绩只是一时的，父母过分关注孩子的成绩，会让孩子产生骄傲或者恐慌心理。

● 正常对待孩子的缺点。孩子身上存在缺点是很正常的，父母可以帮助孩子分析身上的缺点，帮助孩子改正缺点。

● 父母适当关注孩子的闪光点，会让孩子有一种得到认同的满足感，可以促进孩子发扬自己的闪光点。

## 7. 你必须考到前三名——过多、过高地要求孩子

一个我曾经辅导过的小男孩给我写过一封信，他的信是这样写的：

成老师：

我明年就要小升初了。现在我活得好累，压力好大，有时候觉得活着真没意思，真想一死了之。因为我妈妈对我要求太多、太高了，我永远也达不到她的要求。

我妈妈要求我必须是前三名，必须是优秀学生干部……她恨不得我每个方面都比别人强，这样她才有面子。

有一次我考了第三名，我妈妈就问我：你为什么不是第一名？我当选上了副班长，我妈说：为什么你不是班长？我运动会百米跑了第四名，我妈说：怎么不是第一名？

无论我怎样努力，总是不能让我妈满意，我真的还不如死了算了，但我又舍不得那些对我好的同学和老师。成老师，我该怎么办？

看到这个孩子的来信后，我找他的妈妈深谈了一次，我委婉地指出了她教育孩子的一些不当做法，讲述了给孩子过高、过多要求的危害。

这个男孩已经很优秀了，但他好强的单亲妈妈始终不满足，看不到

儿子的成绩和进步，只看到儿子与她的理想的差距。这样，不仅妈妈自己活得很累，孩子压力也很大。

作为一个父亲，我能理解广大父母对孩子的殷切期望，理解父母望子成龙、望女成凤的心思，但我们不能因为这种急切的心而给孩子造成过大的压力，这会压抑孩子的个性发展和潜能发挥。

★★★★★

在我们小区，有一个 5 岁的小女孩茵茵，她很喜欢音乐。为此，虽然家境并不富裕，但茵茵的妈妈还是给女儿买了一架钢琴，并给她请了一位钢琴教师。

为了让这些“巨额花费”有回报，妈妈给茵茵立下规定，要求她每天练钢琴三个小时以上，并要求她四年内必须考到钢琴十级。

茵茵最初是靠着对音乐和钢琴的好奇而学，是因为爱好和兴趣而学，她也学得很快，进步很快。但慢慢地，妈妈的高要求给了茵茵很大的压力，妈妈总把弹钢琴、钢琴考级当做一项任务要求她，并时时监督她学琴、练琴，这让茵茵产生了反感，使她对学琴的兴趣逐渐下降。

茵茵开始反抗妈妈，她越来越讨厌那架钢琴，这架曾经带给她快乐的钢琴如今成了夺走她快乐的罪魁祸首。有一天，趁妈妈没注意，不足 6 岁的茵茵拿起凳子，用力砸坏了钢琴的几个琴键。

茵茵妈妈因为这件事而来求助于我，我告诉茵茵妈妈，父母要尽可能让孩子依靠自己的兴趣和内在动力去做、去学，不要给孩子过高的目标和压力。

孩子无论学什么特长、做什么事情，父母不要抱着功利的目的，一定要求孩子达到什么级别、取得什么荣誉，这对孩子是一种压力。让孩子享受学习和做事的过程，反而更有利于孩子的成长和发展。

★★★★★

父母对孩子提要求，应是孩子经过努力能够达到的，不能过高也不能过低，过高、过多的要求，孩子如果达不到，就容易产生自卑心理，出现退缩行为，过低的要求，对孩子的成长和进步没有促进。

在肯定孩子取得的成绩和进步的基础上，再提出稍高一点的要求，这种要求是孩子经过努力能够达到的，也是合理的要求。

我想起一位朋友帮助他原来被认为是“差生”的儿子的故事：

朋友的儿子经常调皮捣蛋，问题很多，学习成绩在班里算是倒数几名，这让老师很头疼，让父母也很头疼。

对儿子寄予很高期望的朋友为了改变儿子，想尽了各种办法，但都不奏效。在听了一位教育专家的讲座后，朋友开始改变自己的教育方式。

他对儿子说：“你的成绩虽然在班上不好，而且老师对你调皮捣蛋也很头疼，但我不认为你永远是这样。你眼前的状况正说明你还有很大的上升空间。”

儿子不知道爸爸葫芦里卖的是什么药，但爸爸温和的态度和话语还是让他感受到了温暖。

朋友继续对儿子说：“其实，你只要再努力一丁点儿，就会取得很大的进步。这一次，你争取前进三个名次，一个月内改变一个不足，能做到吗？我相信你肯定能做到。”

朋友态度的转变让儿子增添了信心，他答应说：“我一定能做到。”

朋友不再一次给儿子提出过高的要求，而是每次要求他前进三五个名次，每次改掉一个缺点。很快，朋友惊喜地看到了儿子的进步，他在教育儿子上尝到了甜头，儿子也尝到了进步与成功的甜头。

就这样，朋友一次次激励儿子不断进步，终于儿子的成绩慢慢赶了上来，儿子的问题也在逐渐减少。

## 成墨初给您的教养建议

● 给孩子提出合理的要求。父母要尊重和理解孩子，仔细观察孩子的言行，根据孩子的能力与水平提出合理要求。

● 用合适的方法表达对孩子的要求。父母对孩子提出要求时，过多的语言表达会让孩子感到厌烦，父母可以通过眼神、动作、生活细节等暗示对孩子的期待。

● 不要小看孩子。不对孩子过高要求，并不代表小看孩子的能力。只要事情难度适中，父母就可以放手让孩子试试。

## 8. 你要什么，妈妈给你买——用物质来补偿爱

我有一个同行朋友，她是一名职业女性，也是一个两岁孩子的母亲。

朋友是个自由撰稿人，她事业心很强，一心想成为一个著名作家。因为整天忙于工作，没有时间陪伴儿子，为了弥补心中的愧疚，她买了很多玩具给儿子做伴，那些玩具几乎堆满了儿子的房间。

每当朋友要写作的时候，她就把儿子带到“玩具屋”，对他说：“宝贝，你自己在这里好好玩，妈妈要工作，挣钱给你买玩具。”然后，她就坐在桌前开始埋头写作，如果儿子不找她，她一般不会主动去陪伴儿子。有时候，儿子会缠着她玩，她就会设法把儿子推开。

慢慢地，儿子似乎也习惯了以玩具为伴，一个人独自玩玩具。

每次带儿子外出，儿子只要看中了什么玩具，朋友总是掏钱买下。她觉得，自己没有太多时间陪伴儿子，而玩具可以陪伴他，能把她从养育儿子的琐事中解放出来，使她有更多的时间和精力从事写作。

但是朋友并不明白，孩子最需要的其实是父母的陪伴，父母的陪伴与关爱是孩子必不可少而且非常关键的精神营养，这比任何物质都重要。

很多父母，就像这位朋友一样，为了让孩子开心，为了自己有更多时间和精力做其他事情，就给孩子买很多玩具，让孩子陷在玩具堆里。

事实上，长期让孩子与玩具为伴，不利于孩子的精神和情感发展，父母的陪伴和交流才是更重要的。

★ ★ ★ ★ ★

在我们小区，有一个胖墩墩的小男孩琪琪，他很喜欢吃东西，我常常看到他不停地吃着某种食物。

听琪琪的妈妈说，家人都很重视他的吃饭问题，生怕他中午在小饭

桌上吃不好、吃不饱。琪琪回到家，妈妈就给他做各种好吃的，买各种他喜欢吃的零食。

每逢节日，妈妈必定带着儿子到他喜欢的饭店或肯德基店去吃一顿，让儿子一饱口福，而琪琪也总是很开心。

琪琪的妈妈认为孩子吃得多、吃得饱才是好的，尽可能地鼓励儿子多吃，总觉得如果儿子吃不饱、吃不好，就是愧对儿子。

像有琪琪妈妈这样观念的家长并不在少数，尤其是一些老人，总是想方设法鼓励孩子多吃，尽可能地给孩子补充营养。

当然，给孩子提供丰富的营养很重要，这对孩子的健康成长是必需的，但父母不要盲目、过量地给孩子提供食物和营养。因为营养过剩反而对孩子的身体有害，影响孩子身体的正常发育。

真正的爱，应根据孩子的体质，让孩子平衡、合理地饮食，不过量地摄取营养，也不过多地吃膨化食品、洋快餐、方便类等垃圾食品。

★★★★★

王晓伟是我在一所学校做讲座时认识的一个大约 10 岁的男孩，他很聪明，但有些内向，似乎总是缺乏安全感，认为周围所有的人都对他不怀好意，经常和同学、老师发生冲突。

经过与王晓伟的班主任交流，我了解到，王晓伟有一个并不幸福的童年和家庭。

王晓伟不到 4 岁的时候，他的父母离婚了。不久，父母双方又都组建了新的家庭。

因为王晓伟的父母工作很忙，很少陪孩子，也为了不让王晓伟受继父或继母的冷待，爷爷奶奶一直把孙子带在身边。

隔一段时间，父亲或母亲就把儿子接到身边陪他几天。大概是觉得离婚且没太多时间陪伴儿子，父亲或母亲都觉得愧对儿子，所以在他身边时总是事事满足他。

父亲、母亲都算是事业比较成功的人，经济条件都很不错，为了弥补对儿子的亏欠，或者说为了赢得儿子的心，双方都千方百计地用物质来补偿儿子，像是比赛似的用钱财来“拉拢”儿子。

他们都想方设法给儿子买好看的衣服，带儿子去吃大餐，给儿子买他想要的玩具、生活用品、学习用具等，带他去他想玩的地方……总之，父母尽量满足儿子的各种要求。

王晓伟自小就养成跟他们要这要那的习惯，而且常常要穿名牌、用名牌、进高档餐厅，仿佛他在用这种方式索回父母欠他的爱。而王晓伟的父母也因觉得愧对儿子，所以处处迁就他，每次都不吝惜花费，儿子要什么就给他什么，尽可能地满足儿子的一切要求，用更多的物质来补偿对儿子的亏欠，这样他们才心安。

再多的物质也没有补偿王晓伟对于父母爱的缺失，他成了一个老师和同学眼中的“问题孩子”。

事实上，物质绝不能代替爱，孩子缺失了爱，用物质是难以弥补的。

父母与其用过多的物质满足孩子，不如尽可能地抽些时间陪陪孩子，多与孩子交流、相处，陪孩子一起做游戏、玩玩具，了解孩子的喜怒哀乐和内心想法，并设法满足孩子的精神需求。

## 成墨初给您的教养建议

● 父母要抽出时间陪孩子。父母大多都很忙，但再忙也不能忽视对孩子的陪伴，要让孩子感受到父母的爱。

● 想办法多和孩子交流。父母要忙工作，孩子要忙学习，当面交流时间相对不当，父母可以采用纸条、网上聊天等方式和孩子交流，随时关注孩子的思想变化。

● 多和孩子进行身体接触。父母对孩子过多地表达爱，可能会让孩子感觉麻痹。父母可以多抱抱孩子，拍拍孩子的肩等，以表达对孩子的关注和支持。

# Part Six

# 爱是一门艺术，是每个家长都要上的必修课

爱孩子不是简简单单的给予，需要家长明智的表扬或批评，明智的督促、推动和牵引。爱孩子是父母的本能，但正确的爱的方法，需要父母花心思好好学习才能掌握。

## 1. 我妈就是这么教育我的——爱孩子是需要学习的

有一次，我与一位孩子的妈妈聊起了有关教育孩子的话题，她的儿子 10 岁，读小学四年级。

这位妈妈告诉我，每次儿子犯了错，她就会让儿子面朝墙壁，跪在木板上，即所谓的“面壁思过”。

我问她：“你这种教育方式有效吗？孩子改过了吗？”

快言快语的妈妈无奈地摇摇头，说：“别提了，改什么啊？他还说我虐待他。唉，我还不是因为爱他才严格管教他吗？我不是为他好吗？他每次检讨都很诚恳，可还是照样犯错。现在的孩子咋这么难管啊？”

我并不认同这位妈妈批评教育孩子的方式，笑了笑，对她说：“我觉得这样跪木板面壁思过的做法不妥，这种教育方式太落后了，我们要学习先进的教育方式，学习如何做父母。”

我还没说完，孩子的妈妈就打断了我的话：“小时候我的父母就是这么教育我的，我现在不照样好好的吗？那时我妈让我跪搓板，我现在只不过是改成了木板。难道做父母还要学习？我父母从来没有学习过，也照样把我养大了……”

我心里苦笑，心想，不知有多少父母像这位母亲一样，固守着陈旧

的家庭教育观念，不愿意以开放的心态去学习如何做父母，最终只能苦了自己的孩子。

我笑了笑，对她说：“是，每个父母都爱孩子，而且不用学习也都能将孩子养大。但养大的孩子，他真的能达到我们的期望吗？真的能适应不断变化的社会需要吗？真的没有问题吗？”

要将孩子有形的生命养大，或许是每个父母都会的，给孩子吃饱穿暖，让孩子的身体健康成长就可以了。但是，孩子还有更重要的无形的精神和情感世界，如何保护孩子无形的精神生命，却不是每个父母都知晓的，这是需要父母不断学习的。

············★★★★★············

我的一个中学同学，给我介绍了他的朋友小夏。小夏是一个5岁女孩的母亲，她听说我是做家庭教育咨询工作的，就经我的同学介绍来找我，向我讨教孩子教育的经验。

小夏对女儿的教育非常关心，她也阅读了很多有关儿童教育的书籍，经常让我给她荐图书。

看得出，小夏很希望自己能成为一个优秀的母亲。但是，我发觉，她似乎过于迷信书籍，谈到孩子教育问题，她总跟我说书上怎么说的。

她常对我说：“我要努力做一个百分百妈妈，所以我必须多读书。成老师，您看的书多，给我推荐一些儿童教育的书籍吧。”

我笑了，对小夏说：“我们要做百分百妈妈、百分百爸爸是不太可能的，因为没有人是完美的，也没有完美的爸爸或妈妈。而且，学做父母不一定只通过看书。”

“那还有什么途径或方法可以学习做好父母？”

我说：“途径和方式有很多，比如可以向有经验的老人或年轻父母学习，看一些有关家庭教育的影视节目，听教育专家讲座等。更重要的是，要根据学习的教育经验，结合自己教育女儿的实践，不断思考，不断总结教育经验。”

学习做好父母，方式和途径有很多，向书本学习，向他人学习，在教育实践中学习，向专业人士学习等。父母要结合自己的实际灵活运用这些不同的方式。

· · · · · · · · · · · ★ ★ ★ ★ ★ · · · · · · · · · · ·

有一位读者，她有一个读小学的女儿，这位妈妈曾经就教育女儿的困惑向我求教过。

这个女孩的妈妈有一次逛书店，无意中看到了一本《哈佛女孩刘亦婷的学习方法和培养细节》，她如获至宝，连忙买下来，想回家照此教育自己的女儿。

回到家后，妈妈先是认真地读完了那本书，然后，她制订了详细的教育女儿的计划，开始按照书上的方法去做。

但她实施刘亦婷父母教育方法的过程并不顺利。刚开始，女儿还比较配合妈妈的安排，但时间久了，女儿就觉得烦了，常常为此和妈妈发生争吵。

一段时间后，这位妈妈的教育计划破产了，女儿的学习各方面没有任何进步，反而对妈妈有些反感，这让妈妈很苦恼。

女孩的妈妈疑惑地问我："刘亦婷的父母用那些方法培养女儿那么成功，为什么我用那些方法一点用都没有呢？我本来想成为一个好妈妈，没想到反而成了女儿眼中的独裁妈妈。"

"我理解你的困惑和苦恼，但每个孩子都是不一样的，适合这个孩子的教育方法不一定适合别的孩子。我们不能照搬别人的教育方法，要了解自己的孩子，结合自己的孩子的实际，采用恰当的教育方法。"

这样的情况并不少见，父母发现别人培养孩子成功了，就盲目学习人家的教育方法，却没想到这种教育方法并不一定适合自己的孩子。

教育孩子时，父母不可迷信书本，不可偏听偏信，不可盲目照搬别人的方法。而要在教育实践中，结合自己孩子的实际，灵活运用教子方法，做自己孩子的优秀父母。

成墨初给您的教养建议

● 父母要在平时多学习，提高自己的素质修养，树立正确的教子理念，用正确的爱和方法教育孩子。

● 父母要根据孩子的成长阶段，多学习一些教育知识和心理学知识，以应对孩子成长中将会出现的问题。

● 父母在进行教育时，要注意因材施教，根据孩子自身的特点，如资质、心理、思维、能力等进行教育。

## 2. 做父母，我合格吗——做好父母需要“上岗证”

自从开始从事家庭教育咨询和写作事业，自从成为一个孩子的父亲，我对家庭教育有了更多的思考，对父母这一无比崇高的事业有了更多、更深的感触和感悟。

养育孩子如同生产某种产品，而且孩子是高度精密的有生命的“产品”，但对培育这种“产品”的人——父母——的素质和技能要求更高、更严格。

可现实情况是，各行各业都有不同形式的培训、考试，取得合格证才可以上岗，唯独做父母，从不需要“上岗证”。

父母没有取得“合格证”或“上岗证”就做了父母，直接伤害的就是孩子，这对于孩子是多么不公平。

很多父母不是不爱孩子，只是因为对儿童心理知识、儿童教育知识的无知，就会无意中深深地伤害孩子。这常常让我对孩子、对家庭教育、对祖国的未来有一种深深的担忧。

经常在电视、报纸和网络上看到父母伤害孩子的事例，因为孩子学习成绩差，因为孩子不听话，因为孩子没有达到父母的期望，所以父母就对孩子进行非常严厉的惩罚，甚至实施缺乏人性的身心摧残。

就在前两天，我还从邻居那里听到了这样一个真实的故事：

邻居的一个朋友有一个读小学的儿子，因为儿子放学后没有按时回家，也没有按时完成作业，就遭到了妈妈的一顿毒打。那个孩子被打得后背青一块紫一块，屁股、大腿上是一道道被皮带打出来的血印，据说他好多天走路都疼痛难忍。因为被打，男孩对妈妈充满了仇恨，发誓长大后“绝不管父母的死活”。

我不禁感慨：做父母的如果不合格，不仅伤害孩子的身心，也伤害亲子关系和亲子感情，培养出来的孩子也容易成为残品、次品。

★★★★★

在我所住的这个小区单元里，有一对年轻夫妻，他们有一个6个月大的儿子。

在我眼里，这对小夫妻自己本身还是稚气未脱，羽翼未丰的孩子，在心理上都非常不成熟。我想，有这样的父母，年幼的孩子肯定会遭殃。

这对小夫妻结婚前好得如同一个人，但结婚后就出现了很多问题，两个人经常吵闹不休，而且他们处理事情都非常孩子气。

有一次，两个年轻人大吵了一架。这次吵架的结果是，年轻妈妈离家出走，撇下还在吃奶的孩子独自回娘家了，而年轻爸爸则气愤得摔锅砸碗。

在我看来，他们两个人的婚姻生活像是小孩子过家家，一有矛盾就孩子气地吵吵闹闹，有时还将各自的父母请来处理小家庭的矛盾，两个年轻人之间的小矛盾常常会上升为两个家庭之间的大矛盾。

因为两个年轻父母不成熟，他们的问题、孩子的问题常常就成了双方父母的事情，很多事情、很多难题都落在了双方老人的身上。

爷爷奶奶和姥姥姥爷不仅义不容辞地担当起照顾孙子的重任，还总是作为家长处理年轻小夫妻之间的矛盾和问题，就像处理两个吵架的孩子之间的矛盾和问题一样。

亲生父母才是孩子的第一监护人，才是孩子最重要的养育者和教育者，像这对小夫妻这样，自己的心智都不成熟，怎么能给孩子安全感和幸福感？怎么有能力养育好孩子？

所以，要养育好孩子，父母自己首先要尽快成熟起来，遇到问题不要以孩子气的、幼稚的方式去解决。

············★★★★★············

我有一位朋友，她是一个企业的中层干部，工作非常忙碌，但她也是一位非常优秀的母亲，是家庭教育的积极探索者。

这个朋友有一个非常优秀的儿子，聪明、善良，爱好广泛，积极上进，成绩优秀，是个人见人爱的孩子，也是很多同龄孩子学习的好榜样。

在教育儿子的过程中，她常常自问自己：做母亲，我是合格的吗？我怎么才能成为更优秀、更让孩子认可和欣赏的母亲？

每次儿子出现了什么问题，或做错了什么事情，或闯了什么祸、惹了什么麻烦，她不是马上责怪儿子，而是反思自己：我哪里做得不好，所以才让儿子这样？

这样想清楚之后，她会设法向儿子检讨自己，请求儿子帮助自己改进做得不好的地方。

妈妈总这样谦虚地检讨反思自己，儿子自然也模仿妈妈，不断反思自己做得不足的地方，努力做得更好。

要成为一位优秀的母亲，我们就要向这位妈妈学习，不断反思自己：做父母，我是合格的吗？

## 成墨初给您的教养建议

● 不要用打骂教育孩子，否则会对孩子幼小的心灵造成伤害，而且教育效果也不好，孩子要么更叛逆，要么会产生恐惧心理。

● 父母在教育孩子的过程中，要善于观察和思考，反思自己平时的教育方法是否合理有效，孩子出现的问题与自己的教育方法有没有关系。

● 父母要时刻注意改进自己的教育方法。孩子是在不断成长的，孩子的问题也各不相同，父母要根据孩子成长的阶段特征改进自己的教育方法。

## 3. 孩子会模仿你的言行——做孩子的好榜样

前几年，我曾经与一早教中心合作，在一个广场进行了一次早期教育的咨询和宣传活动，帮助父母解决在家庭教育中遇到的问题。

在广场的一个角落里，我们铺上地垫，摆上了一些玩具。不一会儿，这里就聚集了一些家长和孩子。

几个孩子刚刚开始玩，我就发现，两个小女孩在争抢一个玩具，那个大一些的女孩狠狠地打了另一个女孩一下，把她打哭了。

几乎同时，打人女孩的妈妈也下意识地随手打了自己的女儿一巴掌，并训斥女儿道："你怎么又打人？不准打人!"说着，她拿起另一个玩具给了那个被打的孩子。

平息了两个孩子的这场"战争"，打人女孩的妈妈就问坐在一旁的我："为什么我的孩子老是喜欢打人呢？她稍不如意就动手打人。"

我心里想：这还用问吗？肯定是平常跟您学的。我认真地对女孩的妈妈说："小孩子的行为一般都是模仿别人形成的，您自己想一想，您女儿为什么喜欢打人呢？"

女孩的妈妈好像明白了什么，她不好意思地转过头去看女儿。我想，她应该明白自己刚才做过什么，也应该明白我为什么这么说。

显而易见，这个女孩的妈妈打孩子很自然，她已经形成了一种习惯，想必她也经常打女儿，而女儿其实是模仿了妈妈的做法。

所以，为了防止孩子养成不良的行为习惯，父母自己首先不要做那些不当的行为，要求孩子做到的自己首先要做到，不希望孩子做的，自己也绝不要去做。

· · · · · · · · · · · · ★ ★ ★ ★ ★ · · · · · · · · · · · ·

我们小区里有个叫倩倩的初二女孩，她是一个勤奋好学、成绩不错的女孩。

听倩倩妈妈说，从小女儿的学习就不用父母监督，每天吃完晚饭她就很自觉地去写作业，写完作业后就安静地看书。

倩倩好学的表现让很多父母都很羡慕，认为倩倩天生就是爱学习的好孩子，这些父母常常为自己的孩子沉迷于电视或上网而发愁。

一天傍晚，几个孩子的妈妈又在广场上讨论孩子的学习和教育问题。

一位年轻妈妈问倩倩的妈妈："倩倩妈妈，您是怎么教育女儿的？您的孩子为什么这么爱学习呢？"

倩倩妈妈笑了笑，淡淡地说："其实，我也没有特意去监督她，她在学习上很自觉。"

"那怎么可能呢？要不就是您女儿天生就是学习的料，天生就这么好学。我们家孩子，无论我怎么说他，怎么教育他，他就是不学习，这让我很头疼。"另一位妈妈插话说。

倩倩妈妈先笑而不语，然后摇了摇头，沉默了几秒钟之后说："其实，我非常重视女儿的教育。但是，我更重视身教，就是用自己的行动为女儿做出好榜样，而不是用太多的语言去说教。"

其他几位妈妈你看看我，我看看你，似乎不明白倩倩妈妈的话。

倩倩妈妈脸上始终带着笑，她看了看其他几位妈妈，依然淡淡地说："我很少给女儿讲要好好学习的大道理，但是，每天晚上，吃完晚饭，我们就把电视和电脑都关掉，安静地看书或者学习。女儿受到影响，也就养成了这样的习惯。我觉得，用行动给孩子做出榜样，比千万句语言说教都管用。"

我非常认同倩倩妈妈的观点和做法。是的，对于孩子，父母的身教重于言教，与其苦口婆心地给孩子讲千百遍道理，不如用行动做给孩子看更有效，这就是榜样的力量。

正所谓，其身正，不令而行，其身不正，虽令不从。

★★★★★

有一天，我发现桐桐一边写作业一边嗑瓜子，写作业的速度明显慢了很多。她这样写作业已经好几天了，我感觉习惯不好。

于是，我对桐桐说："桐桐，你怎么写作业时嗑瓜子呢？这样可不行。"说着，我把瓜子盘端走了，放到了茶几上。

桐桐抬起头，有些生气地看着我，说："为什么不行啊？为什么我妈妈可以一边看书一边嗑瓜子呢？"

我无语，一时不知道如何回答桐桐的问话。

我想到，妻子那段时间经常看《读者》之类的杂志，而且她喜欢一边看杂志一边嗑瓜子或者吃水果。

当时妻子不在家，我对桐桐说："桐桐，对不起，我不该只批评你，不过，一边嗑瓜子一边写作业确实不是好习惯。等你妈妈回来后，我跟你妈妈交流一下，让她也改变这个坏习惯。"

事后，我与妻子交流了看法，向她提出了我们自己要不断改进自己的不良习惯的建议。

有时候，孩子的"问题"是父母的一面镜子，会反射出父母自身存在的问题。

当孩子出现"问题"的时候，父母要通过"问题"这面镜子，反思自己是不是给孩子做了坏的榜样。不要只关注和解决孩子的问题，还要关注并解决自己的问题，给孩子做好榜样，消除坏的影响。

## 成墨初给您的教养建议

● 父母是孩子的榜样，在孩子面前，一定要注意自己的言行举止，以免让孩子无意中模仿。

● 当父母想要培养孩子的某些好行为时，可以自己先在生活中做出这些行为，让孩子看到并逐渐接受，从而影响孩子的行为。

● 父母尽量少对孩子讲一些大道理，更不要用权威压制孩子，而要言传与身教相结合。

## 4. 妈妈也不完美——与孩子一起成长

有一次，桐桐写完日记后，妻子给她检查签字，而桐桐跑去看电视了。

不一会儿，妻子对桐桐大喊："桐桐，你过来，你这里写了一个错别字。"

听到妈妈的喊声，桐桐又转身跑过去，我也凑过去看个究竟。

妻子指着桐桐的日记本，说："你看，这个字是错的，'一摊血'的'摊'字错了，应该是三点水的那个'滩'字。你想想看，血是不是液体的啊？所以应该用三点水的'滩'字。"

我看到，桐桐的日记本上写了这样一句话：那只受伤了的小狗的旁边有一摊血。

听了妈妈的话，桐桐辩解说："这个字就是这么写的，书上就是这么写的。"

"绝对不是，肯定是三点水的那个'滩'字。"妻子也很肯定地说。

桐桐转头问我："爸爸，你说是不是这个'摊'字？"

我点点头，笑了，对妻子说："桐桐写的是对的。"

妻子还是不相信，就说："我们查字典。"

妻子拿来《新华字典》，翻到"滩"字那一页，"摊"字也在同一页。我们都看到，在"摊"字的字条下，有这样的解释："量词，用于摊开的糊状物"，字典上还举了一个例子：一摊血。

"证据"确凿，桐桐脸上露出了胜利的微笑。

这时，妻子很认真地向桐桐承认错误："对不起，妈妈向桐桐认错，并向桐桐学习。”

桐桐学着大人的口吻对妈妈说：“没关系，勇于承认错误就是好孩子。”桐桐的举动逗得我们哈哈大笑。

有些父母，自己错了，但碍于面子或者为维护自己的权威，不敢在孩子面前承认错误，这样不但不能维护自己的尊严，反而会破坏自己对孩子的威信。

父母不是全知全能，也会犯错，父母要敢于向孩子承认错误，这会教给孩子正确面对错误的态度。

★★★★★

有一次，因为妻子有事不在家，我带桐桐到附近的饭店去吃饭。

过马路时，在一个路口，正巧赶上红灯亮了，但我发现附近的路上没有车，就下意识地想闯过去，这是我以往的习惯。

正当我往前走的时候，桐桐在我身后对我大叫：“爸爸，还是红灯呢，不能过马路。红灯停，绿灯行，黄灯亮了等一等，这不是你教给我的吗？你怎么忘了呢？”

听到桐桐的话，我急忙转回身，发现一位老大爷正往路口走来，我有些尴尬。

老大爷也听到了桐桐的话，他笑着对桐桐说：“这小姑娘不错，知道遵守规则，是个好孩子。”我对着老大爷不好意思地笑了。

桐桐也自豪地冲着我笑了。

绿灯亮了，我和桐桐手拉手一起走过马路。过了马路，我对她说：“桐桐，你提醒了爸爸，爸爸谢谢你。”

有时候，我们做父母的有些方面做得可能并不如孩子，这要求我们要善于向孩子学习。

★★★★★

桐桐刚进入幼儿园的时候，我、妻子和桐桐三人都经过了一段分离焦虑的时期，尤其是妻子，她的适应期更长。我相对来说还好一些，毕竟从桐桐几个月的时候，因为要上班，我常常与她一分别就是一整天。

不过，心爱的女儿初入一个陌生的环境，面对许多陌生的人，离开爸爸妈妈的怀抱，我还是多少有点不放心。每次送她去幼儿园，看到她哭得泪人一般，很心痛，离开后我就非常牵挂她。

听桐桐的老师说，最初那几天，在我们离开后，桐桐总会哭一会儿。而且，那几天，她都不怎么与小朋友玩，总是黏着那个最先抱她的王老师，她吃饭也吃不好，有好几次哭着说要找妈妈爸爸。

我很清楚地知道，桐桐的表现是每个孩子刚入园时都会经历的入园焦虑期，而且父母也要经过一段分离焦虑期。

再次送桐桐去幼儿园，遇到她想哭而未哭的时候，我就事先告诉她说："桐桐，爸爸知道你离开爸爸妈妈会很难过，在幼儿园里会想爸爸妈妈。你难过的时候可以哭，哭一会儿就不那么难过了。你在幼儿园里乖乖地和老师、小朋友玩，爸爸妈妈去上班，下班后就来接你。看到你难过，爸爸妈妈也会难过。过几天等你喜欢上这里的小朋友和老师，就不会因为想爸爸妈妈而难过了。"我们一起努力，好不好？说完后，我拥抱一下桐桐，高高兴兴地离开，让桐桐开开心心地去和小朋友玩。

很多时候，面对某些问题，父母也会产生焦虑、紧张等消极情绪，这些消极情绪会传染给孩子，给孩子消极的心理暗示，阻碍孩子的积极言行。因此，父母要懂得用积极的态度，与孩子共同面对眼前的问题，与孩子一起成长。

## 成墨初给您的教养建议

● 父母犯了错误，不管孩子有没有意识到，都要向孩子承认错误，并且引导孩子在犯了错误时也要勇敢承认。

● 认同孩子的正确观念。父母要把孩子当成一个完整独立的人来看待，认同孩子正确的观念，在改正自身不足的同时，也强化孩子的正确理念。

● 孩子出现问题，父母要先从自己身上找原因，看看是不是自己的教育出现了问题，通过改变自己达到教育孩子的目的。

## 5. 我以后一定小心——面对孩子的错误，要控制好情绪

小时候，我特别淘气，往往因为一点小事就与别人争执、打架，经常被别人打得鼻青脸肿。父亲看到了，心疼的同时，也为我的行为生气。

父亲只要发现我与别人打架，不问青红皂白，抓住我就狠揍一顿，希望我因此能够改正打架的恶习。

可事实上，父亲这种管教方式，在我身上没有产生一点作用。相反，因为父亲的粗暴，使我很伤心，还对他产生了抵触的情绪，甚至开始故意与他作对，打架的次数也越来越频繁。

父亲十分生气，但无计可施。

有一次，班上一个爱说脏话的同学无端骂我，年少气盛的我上前推了他一下，那个同学也不示弱，冲我挥起了拳头，我们两人很快扭打在了一起，因为他的个头比我大，这次打架我没有占到便宜，脸上多处挂彩，受伤严重。

回到家，我心想：父亲看到后，又会像以前那样，对我大打出手，免不了一顿揍。万万没有想到的是，父亲此次看到我，只是无奈地摇了摇头，急忙去找消炎药、创伤膏，他一边处理我脸上的伤，一边心疼地说："孩子，疼吗？"

父亲态度的转变，让我感觉到既诧异又温暖，故作坚强地说："这点小伤算什么，一点都不疼。"

父亲听后，先是瞪了我一眼，接着又和蔼地说："你不疼，可我心疼。孩子，我知道你与别人打架有原因，但是不管因为什么，总有别的更好的方式可以解决问题，用武力去解决，无论打伤别人，还是自己被别人打伤，都不好。你能听我的话，以后不再与别人打架了吗？"

我十分感动，使劲地点了点头，对爸爸说："您放心，以后我再也不

打架了。”

从那以后，我说到做到，很少与人打架，即便有时候忍无可忍，但一想到父亲的话，就会努力控制着自己。

孩子还小，犯错十分正常，看到孩子做错事情，不管后果多么严重，父母都要学着控制情绪。良好的情绪，能够使亲子关系变得和谐。而只有和谐的亲子关系，孩子才能配合你的要求、引导，教育才会真正起到作用。

· · · · · · · · · · · · · ★ ★ ★ ★ ★ · · · · · · · · · · · · ·

人非圣贤，孰能无过？其实，在生活中，每一个人都会犯错误。大人如此，更何况孩子。

记得有一次，我从外面回家，有些累了，洗了一个梨子躺在床上吃，吃完后，我懒得起身，看垃圾筐就在不远处，拿着梨核就朝垃圾筐扔。

结果，梨核不但没有扔进垃圾筐里，相反掉在了地上，还滑到了桌子下边。看到这情形，我有些懊恼。

此时只得站起身，找来一根细长的棍子，趴在地上，把梨核拨出来。看地板上都是果汁，又拿出抹布来擦洗，折腾了好一会儿，虽然心理上有些不舒服，但却对自己的这种行为没有任何的惩戒。

试想，如果是我看到女儿桐桐躺在床上扔梨核，即便我不惩罚她，肯定也会对女儿批评教育一番。而对自己，却宽松了许多。

因此，我在教育桐桐的时候，特别注意控制自己的情绪，尽量采取温和委婉的态度，这样，孩子不仅听我的，而且和我的关系，也比和她妈妈更亲密。

记得有一次，桐桐洗完澡去大便，不小心把身上的浴巾掉在了抽水马桶里。妻子看见了，伸手打了桐桐一下。

女儿立即大哭了起来，妻子冷冷地看着桐桐，没有理她。我急忙走出书房，来到卫生间，擦干女儿身上的水，帮她穿上衣服。

这时候，女儿的哭泣声渐渐小了许多，我才问她：“桐桐，刚才是不是没小心，浴巾才掉进了马桶里。”

桐桐点点头说："爸爸，我以后一定小心。"

这时候，妻子从卫生间里出来了，她的气还没有消，看见桐桐，厉声问她："认识到自己的错误没有？"

桐桐白了妈妈一眼，接着把头扭向别处，对妈妈的问话不屑一顾。

"这孩子，越来越没有教养了。"妻子嘴里嘀咕着，走向卧室。

我问桐桐："你为什么不搭理妈妈？"

"不喜欢她！"桐桐回答得十分干脆。接着又说，"我做错一点事，妈妈对我不是批评就是打骂，我又不是故意做错事。难道她就没有过失误吗？我讨厌妈妈这样对我，也不想听她说话。"

听桐桐这样讲，我很想在她面前帮妻子说几句好话，但又觉得她讲得在理，也没再吭声。

成墨初给您的教养建议

● 孩子犯错的时候，尤其是严重的错误，你可能因控制不住自己的情绪而采取不理智的举动，这样不但于事无补，反而会使孩子对你产生怨恨的情绪，不利于教育。

● 在自己情绪不好的时候，不要去管教孩子，先冷静一段时间后再理智地处理。

## 6. 你永远在妈妈心里——用温暖的手引领孩子前行

在我所观察到的现实中，在孩子与父母成长的路上，不少父母不是与孩子同行，而常常是父母在前边硬拉硬扯着孩子前行，或者在后面使劲鞭打着孩子前行。

在前边硬拉硬扯的，比如，父母总是告诉孩子说："你一定要拿第一名，加油啊。""你一定要考一个重点大学，努力吧。""你要做到比所有的孩子都强，一定要争气啊。”

这类父母总是不断给孩子提出更高、更多的目标，孩子刚达到某一个目标，想喘口气，父母却又提高了对孩子要求的标尺，让孩子始终处在一种疲于奔跑而不停歇的状态。比如，父母总是责怪、批评孩子说：“你怎么就这么落后呢？真不争气。”“你怎么总是不如人家呢？真给我丢人。”“你成绩这么差，怎么就不知道用功呢？”

这类父母总是看到孩子的不足、缺点、错误，总是责怪孩子的这些弱点，用无形的鞭子抽打孩子的这些弱点，想以此激励孩子“知耻而后勇”。

但是，在我看来，无论是在前面硬拉硬扯着孩子前进，还是在后面无情地鞭打着孩子前进，都是“逼孩子造反”的做法，非但不会让孩子顺从，反而更容易激怒孩子。

在成长过程中，孩子更需要的是旅伴和人生的领路人，更需要一双温暖的手牵引着他向前走，更需要父母与他一起欢笑，一起流泪，一起看人生风景，并在适当的时候给他指引方向。

要成为优秀的父母，我们对孩子不要指责、打击、逼迫、强制，而要以友好的姿态陪伴孩子，以温柔的双手给孩子指路，引领孩子走正途、远歧途。

············★★★★★············

一次下班回家，在小区的小路上，我看到了这样一幕：

一个两岁左右的男孩看到前面有一个漂亮的小女孩在走，他快步走上前。男孩走到女孩跟前之后，伸手打了她一巴掌，女孩咧咧嘴，像是要哭。这让两个孩子的妈妈都很惊讶，我也有些奇怪。

接着，男孩要去拉女孩的手，似乎想安慰她，又似乎想跟她一起玩。但是，女孩把手甩开了。

一会儿，男孩的妈妈好像明白了什么，她蹲下来，微笑着，温和地对儿子说：“宝贝，你喜欢跟小妹妹一起玩，对不对？你喜欢和她玩，就不要太用力地碰她，你这样太用力，小妹妹会疼的。”

男孩的妈妈一边示范，一边对儿子说："你可以这样轻轻地拉着小妹妹的手，对她笑笑，或者轻轻地拥抱她一下，这样她会很舒服，也很愿意跟你一起玩。"

男孩很专注地看着妈妈做，听着妈妈说。

"来，你这样试一下，轻轻拉住小妹妹的手，对她笑一笑。"妈妈说。

男孩试着拉住了小女孩的手，他笑了，小女孩也笑了。

孩子最初想做某事，可能不知道如何去做，缺乏技巧和技能。此时，父母要给孩子示范，用孩子能接受的、温和的语言，引导孩子如何去做，而不是只对孩子错误的做法提出严厉的批评。

★★★★★

几年前，我曾经接到过一个高一男孩的来信，他向我诉说了自己的苦恼，告诉我他在人生十字路口的迷茫和失落：

那段时间，男孩与他的父母很难沟通，他觉得父母总是不理解他，所以经常与父母发生矛盾和冲突。

男孩喜欢的一个女孩始终不愿意理他，每次男孩想要和女孩说话时，女孩就借故躲开。他学习压力很大，身处高考前的激烈竞争氛围，看着自己不上不下的成绩，他有些无奈。原本数学成绩很不错的他，那段时间没有了学习数学的兴趣和热情，数学老师开始时不时地批评他学习不用功。

虽然高考选报志愿的日子还远，但父母已经和他因为高考志愿产生了严重的分歧，面对未来的渺茫和对现实的困惑，男孩不知道如何选择自己的人生路。

这一切，都成了让男孩头疼的难题，这让他觉得，自己活得很累、很没意思。

事实上，很多这一时期的孩子面对生活、学业以及理想，会产生许多苦恼，会有些迷茫，他们希望有人能理解自己，并给他们指点，希望有一双温暖的手引领他们走出迷茫，给他们前进的勇气和信心。

父母要试着多理解这一时期的孩子，多与孩子谈心，给孩子更多温情的支持，帮助孩子走出迷茫。

成墨初给您的教养建议

● 父母不能强迫孩子学习，孩子的学习能力和接受能力也是有一定限度的，教育要有一个循序渐进的过程。

● 父母要用温和的态度教育孩子，在给孩子提供建议时，要用指导代替教导，温和地引导孩子按照正确的方法行事。

● 父母要在孩子取得成绩时，赞扬孩子。在孩子失意时，鼓励和支持孩子，让孩子感受到父母温暖的爱。

## 7. 合格的“养马人”——给孩子一个快乐的童年

周末，我给同事小王打电话，想让他带着他的女儿晓雅一起出去玩。因为，桐桐这两天一直吵着要和晓雅玩。

可是，小王说：“不行啊，今天上午我要带晓雅去学钢琴，下午要带她去学书法，晚上还要带她去跳拉丁舞。今天恐怕没时间了。”

放下电话，我想了很多。一个 4 岁的孩子，被诸多的学习和培训占满了童年，连周末都没有属于自己的时间。

那天，我只好带着桐桐，我们两个人出去踏青。和煦的春风，灿烂的阳光，让她兴奋不已。看着玩得开心的桐桐，我又为晓雅感到难过了，仿佛可以看见晓雅无助的眼神。

上次在小王家玩，小王让晓雅去写毛笔字，晓雅说：“我想和成伯伯玩，我最喜欢听成伯伯讲故事了。”我也说道：“来，晓雅，伯伯给你讲故事。”

但小王一把将晓雅拉进了书房，还“砰”的一声关上了门。

我问小王：“晓雅想听故事，你怎么不让她听啊？”

“听什么故事啊？现在有几个孩子是他想干什么就让他干什么的啊？现在讲究‘全面发展’，她什么都不会，以后怎么考学校啊？”小王解释道，“我也不想让她这么累，可是没办法。”

说话的时候，小王一脸无奈。

我无话可说，虽然我知道小王的教育有些问题，但是我却不知道该如何反驳他。但我还是说：“你要孩子去弹钢琴，孩子就会成为‘钢琴高手’吗？你让孩子学习书法，孩子就会成为‘书法大家’吗？你让孩子跳拉丁舞，她就一定会成为‘拉丁公主’吗？”

不要夺走孩子的童年，别让培训成为孩子的阴霾。根据孩子的特点，帮助孩子找到自己的最爱，这样，孩子才会真正地找到自己的位置，并且在属于自己的位置上有所发展。

★★★★★

一个远房亲戚家的孩子很喜欢唱歌，虽然家里经济条件不好，但他们夫妻俩省吃俭用，给孩子请老师、买乐器。儿子不忍心看到父母那么辛苦，也不希望因自己喜欢音乐而给家里带来这么大的负担，这给了孩子一种无形的心理压力。

这种压力和担心使得他对音乐的热情减少了，老师甚至说他都不会再有什么发展。为此，他的状态越来越不好。

但是，他的妈妈却对他说：“孩子，我们并不觉得日子过得苦，只要你尽力了我们就很高兴。我和你爸爸都觉得你功底不错，又有音乐天赋，我们都相信你会成为优秀的歌唱家的。”

听了这些话，孩子的心情好多了，后来，他以第一名的成绩考上了最好的艺术院校。

在孩子出现动摇的时候，是他父母的宽容和鼓励，让他又对自己充满了信心。

★★★★★

最初我发现桐桐喜欢画画，是在她两岁的时候。有一次，我和妻子在看电视，没想到她拿我的彩笔将卧室墙壁涂得乱糟糟的。

看着雪白的墙壁被画得不成样子，妻子很生气，径直走过去夺过桐桐手里的笔，说："以后不许再画了，都是你惯的。"妻子把说话的矛头指向了我。

桐桐正看着我呢。如果我也批评她，她的画画兴趣可能就会消失。于是，我和妻子说："桐桐那么喜欢画画，我们就让她去专门学画画吧，也是种爱好啊。"

妻子同意了，桐桐也开心地鼓起了掌，我们将桐桐送去学画的时候，绘画老师说："桐桐很有画画天赋，好好培养，以后会大有出息。"

"看，孩子画坏了墙，却找到了自己的'天赋'，这买卖，我们赚了。"我说。妻子听后，会意地笑了。

经过系统训练，桐桐的画画水平已经得到了很大提高，这让我和妻子都感到很欣慰。

成墨初给您的教养建议

● 父母不能从自己的标准、观点出发，认为孩子身上出现的所有不如自己意愿或者不符合自己要求的言语或行为，都是有问题、有错误，觉得孩子是在变坏。

● 孩子有了错误，如果你对他态度恶劣，或者只是为了发泄心中的怨气而惩罚孩子，这样只会激起孩子的反感，很难起到应有的效果，而且还会使亲子关系恶化。

● 面对孩子的错误，只有一心想着怎么有效地去纠正这个目的，再运用良好的态度去引导孩子，他才会听从你的教育而去改正错误。

## 8. 你能不能支持我一次——做孩子永远的支持者

桐桐刚上幼儿园的时候，只要我有时间，就会去接她放学。可是那一次，我在门口等了很长时间，几乎所有的小朋友都出来了，桐桐还是没出来。

于是，我直接走进桐桐的教室，见她正吃力地将凳子放在桌子上，并且还要将凳子腿置上，好多次都没有成功。我立马走上前，帮桐桐将凳子放好，没想到桐桐不但不感激我，反而用眼睛斜视我，还不和我说话。

一直到家，桐桐都不和我说话。

“桐桐，你怎么不高兴啊？”我问她。

“爸爸，你能不能支持我一次啊？”桐桐的话让我摸不着头脑，她接着说，“我们班上的小朋友都能自己放凳子了，就我自己还不能放上去。以前同学都会给我帮忙，今天我想自己放，可是你也不给我机会。”

原来，桐桐是因为这个原因不理我啊。我知道自己的做法确实不恰当。我温和地对桐桐说：“今天是爸爸不好，爸爸以后做你永远的支持者。明天爸爸就在门口等你，等你把凳子放好了，再和爸爸一起回家，好吗？”

桐桐脸上终于露出了笑容。

★ ★ ★ ★ ★

说到“支持”，让我想起之前在学校举行讲座，到最后互动环节时，一个男同学给我写了张纸条，上面写着：

因为升入初中时我的成绩好，被分在了尖子班。但是我的压力很大，不能集中精力好好发挥自己的水平，成绩一直不怎么理想。

我的压力大，可我妈妈的压力更大，常常抱怨我太笨。

下个学期就要参加中考了，进入初中之后，我的成绩不好，所以我心急如焚，对于报考高中没有信心。所以，我想报考中专。当妈妈知道我的想法后极力反对，不但和我吵，也和爸爸吵。现在家里的气氛很沉重，我连学习的心思都没有了。我该如何是好？

我看到了这张纸条后，答应这个男生好好和他妈妈好好谈一谈。在老师的帮助下，我联系到了他的妈妈。

见到男孩妈妈的时候，她说自己也认识到现在的态度对孩子学习的影响，她也想找到彼此都满意的方法。

“我的想法很简单，就是想让孩子考上高中，今后考上大学，这也是对他负责任啊，可是他却认为我不理解他，不支持他的决定。不过，我确实没有站在儿子的角度去考虑问题。”

她接着说：“我以前没有考虑儿子的真实水平，也不知道儿子的想法，而是自私地想让儿子按照自己的想法去做。”

“你现在已经想通了。你儿子的成绩虽然不是很理想，但是一直积极进取，对自己有清楚的认识，你应该感到高兴才对。孩子现在最需要的就是你的支持。”我说。

那天，她回家后，对她的儿子说：“不管你做什么决定，妈妈爸爸都支持你。”

果然，这个男孩学习更加刻苦，考上了中专，还当上了学生会主席，成为学生中的佼佼者。

这时候，男孩的妈妈才真正感到欣慰和释然。很多家长夸奖她培养了一位优秀的儿子，这让她心里美滋滋的，家里也充满了欢声笑语。

## 成墨初给您的教养建议

● 父母应该了解孩子的权利和职责，孩子有不同意父母意见的权利，在对他们有影响的决定上有发言权，同时也有提出有见识的不同意见和发挥自己才能的职责。

● 给孩子自己做决定的机会。只要不是原则性的问题或危险的事情，父母都可以放手让孩子自己做决定，而且要多提供机会，让孩子自己做决定，父母千万不要左右孩子的思想。

## 9. 1%和99%的差距——当好孩子的“伯乐”

唐代散文大家韩愈说：“世有伯乐，然后有千里马。千里马常有，而伯乐不常有；故虽有名马，只辱于奴隶人之手，骈死于槽枥之间，不以千里称也。”

我想起自己曾经看过的一个故事：有一匹老马，已经过了拉车的年龄。有一天，它被主人安排去送货，它身上的毛已经掉得不少了，部分皮肤已经溃烂，蹄子也没有之前那么有力了，上山的时候，它实在拉不动了。

这时，它的伯乐出现了，爱怜地抚摸着马，看见它的现状，不禁痛哭流涕，他将自己的外衣脱下来披在马的身上。

这匹马的眼里顿时充满了泪水，它觉得自己的潜能就要被激发出来。于是，这匹马俯身喷气，仰天长啸，重新踏上了自己的路。

在这个故事中，这匹马的潜质被它的伯乐发现，它终于找到了自己的位置。对老马而言，这是一种幸运和满足。

这个道理用在家庭教育中也是有实际意义的：你的孩子也许是德智体美劳全面发展的好孩子，但是因为缺少你的发现，被扼杀在摇篮里。

你的发现和赏识会帮助孩子找到自己的支点。你的孩子是棵小草，就不要奢望小草成长为参天大树，一棵小草也有自己骄傲的地方。你的孩子可能学习成绩不太好，但是球技很高；你的孩子也许贪玩，但很孝顺……

★★★★★

桐桐体育不好，有一次好不容易在接力赛中跑最后一棒，取得了第一名的好成绩，回家后，她就迫不及待地将这个好消息告诉正在做饭的妻子。

“妈妈，我在接力赛中跑了第一。”桐桐兴高采烈地告诉妻子。

妻子正在做饭，只是淡淡地问了一句：“哦，比赛了啊?”接着忙着手中的活。

“是的，今天举行了运动会，我们四个人一组，我是最后一棒，拿到了第一，其余三个人都说我立了大功呢。妈妈，你说呢?”桐桐满怀期待地等待妻子的表扬。

妻子听了桐桐的话，还是没有停下手头上的活，又问了句：“哦，开完运动会，你去美术培训班了吗？老师还给你们布置什么作业吗？有的话，赶紧去做。等会儿就吃饭了。”

我看见桐桐失望的表情，招招手，示意她来我这边。

“桐桐，你真棒，等会儿吃饭的时候多吃点，算是爸爸妈妈对你的奖赏。下次比赛也要争取拿第一。”我对桐桐说。

“我知道。”桐桐开心地说道。

“桐桐，你是不是很喜欢体育啊？那你可以在这个方面发展一下自己啊。”我说。我觉得这是启发桐桐对自己定位的好机会。

“可以吗？爸爸，你真是了解我。以前我的体育不好，可是我一直对体育很感兴趣，特别是这次，老师也说我有天赋，我真想以后能成为体育健儿。”桐桐仰着小脸对我说。

“嗯，桐桐真是个有理想的孩子，爸爸相信你会为达成你的目标努力的。”

果然，桐桐在多次的体育比赛中取得了不错的成绩，彻底和之前那个不喜欢体育的自己说再见了。

★★★★★

桐桐很喜欢听我给她讲故事，听故事是她睡觉之前的必修课。自从桐桐认识了不少字，可以读懂简单的故事以来，我就开始教她看故事书。

慢慢的，我发现桐桐不仅可以自己看故事书了，还可以用自己的话将故事重新叙述一遍，甚至会将故事进行改编。

我鼓励桐桐把故事讲给我听。看到我对她的故事那么感兴趣，桐桐兴致越来越高。有时候，尽管我听不懂桐桐的话，但我装作很感兴趣的样子去听。

听桐桐讲完之后，我将桐桐抱在怀里，对桐桐说：“桐桐，爸爸觉得你将来会成为故事大王。宝贝，加油!”

在那次幼儿园举行讲故事大赛之前，桐桐先在我面前讲了几次，我鼓着掌对她说：“桐桐讲得真好，肯定能得第一。”

桐桐在我的鼓励下，充满自信，在学校的比赛中果真拿到了第一名，还被学校选为代表，参加市里组织的讲故事比赛。

如果没有我对她的鼓励和赏识，桐桐也许对讲故事没有如此大的兴趣，也可能不会取得这么好的成绩。

## 成墨初给您的教养建议

● 用全面、发展的眼光看待孩子。不要只是盯着孩子学习成绩一个方面。做父母，不仅要能够去发现孩子明显的长处和优势，要更善于先发掘孩子潜在的长处和优势。帮助孩子不断地发现未知的自我，是每个父母义不容辞的责任。父母考虑和评价孩子的维度宽了，就不难找到孩子值得表扬的内容。

**图书在版编目（CIP）数据**

如何爱孩子和教会孩子如何爱 / 成墨初著. -- 长沙 : 湖南科学技术出版社，2013.6

ISBN 978-7-5357-7579-5

Ⅰ. ①如… Ⅱ. ①成… Ⅲ. ①儿童教育—家庭教育 Ⅳ. ①G78

中国版本图书馆CIP数据核字(2013)第049629号

**如何爱孩子和教会孩子如何爱**

著　　者：成墨初

责任编辑：袁　军

出版发行：湖南科学技术出版社

社　　址：长沙市湘雅路276号

http://www.hnstp.com

邮购联系：本社直销科 0731-84375808

印　　刷：长沙三仁包装有限公司

（印装质量问题请直接与本厂联系）

厂　　址：长沙市宁乡县金洲新区泉洲北路98号

邮　　编：410604

出版日期：2013年6月第1版第1次

开　　本：700mm×960mm　1/16

印　　张：12.25

字　　数：160000

书　　号：ISBN 978-7-5357-7579-5

定　　价：28.90元

（版权所有 · 翻印必究）